JENSEITS VON GEBURT UND TOD

Andere Werke von His Divine Grace
A. C. Bhaktivedanta Swami Prabhupāda

Bhagavad-gītā wie sie ist

Śrīmad-Bhāgavatam (1–10.1)

Śrī Caitanya-caritāmṛta

Śrī Īśopaniṣad

Der Nektar der Unterweisung

Der Nektar der Hingabe

Die Lehren Śrī Caitanyas

Die Lehren Königin Kuntīs

Die Lehren Śrī Kapilas, der Sohn des Devahutis

Die Schönheit des Selbst

Die Perfektion des Yoga

Vollkommene Fragen, vollkommene Antworten

Leben kommt von Leben

Bewusste Freude

Im Angesicht des Todes

Bhakti-Yoga – Der Pfad des spirituellen Lebens

Jenseits von Raum und Zeit

Der Pfad der Vollkommenheit

JENSEITS VON GEBURT UND TOD

His Divine Grace
A. C. Bhaktivedanta Swami Prabhupāda
Gründer-*Ācārya* der Internationalen Gesellschaft für Krishna-Bewusstsein

THE BHAKTIVEDANTA BOOK TRUST

Sollten Sie Fragen oder Kommentare zu diesem Buch haben, setzen Sie sich mit uns in Verbindung. Unsere Kontaktdaten finden Sie im hinteren Teil des Buches. Sie erreichen uns auch unter den folgenden Adressen:

ISKCON Deutschland-Österreich e.V.
Aarstraße 8, 65329 Hohenstein, Deutschland
+49 (0)6120 90 41 07
iskcon.de

Sankirtan-Verein
Bergstrasse 54, 8032 Zürich, Schweiz
+41 (0)44 262 37 90
sa-ve@pamho.net • krishna.ch

MIX
Papier aus verantwortungsvollen Quellen
FSC® C083411
FSC
www.fsc.org

Jenseits von Geburt und Tod besteht aus Śrīla Prabhupādas Vorträgen über das 2. und 8. Kapitel der *Bhagavad-gītā* im Jahr 1966. Die englische Originalausgabe wurde von Hayagrīva Dāsa (Howard Wheeler, M.A.) lektoriert.

bbt.se • bbtmedia.com • bbt.org • krishna.com

ISBN 978-91-7769-296-6

Beyond Birth and Death (German)
(DE-BBAD-2021-TEXT-R17)

Gedruckt im Jahr 2021

Dieser Titel ist für Sie in allen E-Book-Formaten kostenlos auf **bbtmedia.com** erhältlich. Abrufcode: **EB16DE98538P**

Inhalt

KAPITEL EINS

Wir sind nicht der Körper

dehī nityam avadhyo 'yaṁ
dehe sarvasya bhārata
tasmāt sarvāṇi bhūtāni
na tvaṁ śocitum arhasi

„O Nachkomme Bharatas, der Bewohner des Körpers kann niemals getötet werden. Daher brauchst du um kein Geschöpf zu trauern" [*Bhagavad-gītā* 2.30].

Der allererste Schritt in der Selbstverwirklichung ist die Erkenntnis, dass man selbst vom Körper verschieden ist: „Ich bin nicht der Körper. Ich bin spirituelle Seele." Dies zu erkennen ist grundlegend für jeden, der den Tod überwinden und die spirituelle Welt erreichen will. Es ist nicht damit getan, zu sagen: „Ich bin nicht der Körper." – Nein, diese Erkenntnis muss verinnerlicht werden. Das ist nicht so einfach, wie es am Anfang erscheinen mag. Wir sind zwar nicht der Körper, sondern reines Bewusstsein, aber gegenwärtig sind wir in dieser körperlichen Hülle gefangen. Um Glückseligkeit und Freiheit zu erlangen, die den Tod überdauern, müssen wir unser ursprüngliches, reines Bewusstsein wiedererlangen und in ihm gefestigt bleiben.

In der körperlichen Lebensauffassung gleicht unsere Vorstellung von Glück der eines Menschen im Fieberwahn. Manche Philosophen vertreten die Ansicht, dieser Wahn, sich mit dem Körper zu identifizieren, könne dadurch geheilt werden, dass man sich von jeglicher Aktivität zurückziehe. Da unser leidvolles Dasein seit jeher durch materielle Tätigkeiten verursacht wird, sagen sie, wir sollten gar nicht mehr tätig sein. Die Vollkommenheit ist für sie eine Art buddhistisches *nirvāṇa,* in dem keine Aktivität mehr stattfindet. Buddha lehrte, dass der Körper aufgrund einer Kombination von materiellen Elementen entstanden sei und dass man sich dadurch, dass man diese Kombination auflöse, auch von der Ursache des Leides befreie. Wenn das finanzamt also für unser großes Haus zu viel Steuern verlangt, wäre es nach dieser Philosophie die Lösung, das Haus abzureißen. Die *Bhagavad-gītā* jedoch klärt uns darüber auf, dass es nicht nur den materiellen Körper gibt, sondern auch die spirituelle Seele, deren Merkmal Bewusstsein ist.

Niemand kann das Vorhandensein von Bewusstsein abstreiten. Sogar ein Kind kann verstehen, dass ein Körper ohne Bewusstsein tot ist. Sobald das Bewusstsein den Körper verlässt, kann der Mund nicht mehr sprechen, das Auge nicht mehr sehen und das Ohr nicht mehr hören. Das Bewusstsein ist somit unerlässlich, damit der Körper Lebenssymptome zeigen kann. Was ist aber Bewusstsein? Genau wie Hitze und Licht Merkmale von Feuer sind, ist Bewusstsein das Merkmal der Seele. Die Energie der Seele zeigt sich in Form des Bewusstseins. Mit anderen Worten beweist das Vorhandensein von Bewusstsein die Existenz der Seele. So lautet nicht nur die Philosophie der *Bhagavad-gītā,* sondern die Schlussfolgerung aller vedischen Schriften.

Sowohl die Unpersönlichkeitsanhänger in der Nachfolge Śaṅkarācāryas als auch die Vaiṣṇavas in der Schülernachfolge, die von Śrī Kṛṣṇa ausgeht, erkennen die Existenz der Seele an. Die buddhistischen Philosophen hingegen sind der Ansicht, dass Materie auf einer gewissen Entwicklungsstufe Bewusstsein erzeuge. Dieser Ansicht widerspricht jedoch die Tatsache, dass uns alle materiellen Elemente, die in einem Körper vorhanden sind, zur Verfügung stehen, wir aber nicht in der Lage sind, aus ihnen Bewusstsein zu erzeugen. Wenn ein Mensch stirbt, sind noch alle materiellen Elemente im Körper vorhanden, aber dennoch können wir ihn nicht mehr zum Leben erwecken. Das Bewusstsein ist nicht Teil des Körpers, der sich mit einer Maschine vergleichen lässt. Wenn eine Maschine nicht mehr funktioniert, kann man einfach das mangelhafte Teil auswechseln, sodass sie wieder läuft; wenn jedoch der Körper nicht mehr funktioniert, weil das Bewusstsein den Körper verlassen hat, können wir es nicht wie ein funktionsuntüchtiges Teil ersetzen und den Körper wieder zum Leben erwecken. Der Körper ist nur so lange lebendig, wie sich die Seele, die vom Körper verschieden ist, in ihm befindet. Hat sie einmal den Körper verlassen, ist es nicht möglich, ihn wieder zum Leben zu bringen.

Viele sagen, es gäbe keine Seele, nur weil sie die Seele mit ihren materiellen Sinnen nicht wahrnehmen können. Aber es gibt eine Unzahl von Dingen, die wir nicht sehen können. Wir sind nicht in der Lage, mit unseren bloßen Augen Luft, Radiowellen, Klang oder Bakterien zu sehen, aber heißt das, dass es sie nicht gibt? Vieles, was den unvollkommenen Sinnen früher verborgen blieb, können wir heute mit Hilfe von Mikroskopen und anderen Instrumenten wahrnehmen. Nur weil die Seele bis jetzt noch nicht von unseren Sinnesorganen und Messinstrumenten wahrgenommen wurde, sollten wir nicht voreilig den Schluss ziehen, es gäbe keine Seele. Die Seele ist atomisch klein und sie kann durch ihre Symptome und ihre Wirkungsweise wahrgenommen werden.

All unsere Leiden haben ihren Grund darin, dass wir den Körper irrtümlich als unser Selbst betrachten. Darauf weist Śrī Kṛṣṇa in der *Bhagavad-gītā* [2.14] hin:

mātrā-sparśās tu kaunteya
śītoṣṇa-sukha-duḥkha-dāḥ
āgamāpāyino 'nityās
tāṁs titikṣasva bhārata

„O Sohn Kuntīs, das unbeständige Erscheinen von Glück und Leid und ihr Verschwinden im Laufe der Zeit gleichen dem Kommen und Gehen von Sommer und Winter. Sie entstehen durch Sinneswahrnehmung, o Nachkomme Bharatas, und man muss lernen, sie zu erdulden, ohne sich verwirren zu lassen."

Wasser erfrischt im Sommer, aber im Winter meiden

wir es lieber, weil es zu kalt ist. Das Wasser ist immer das Gleiche, aber in Berührung mit unserem Körper empfinden wir es als angenehm oder unangenehm.

Alle Gefühle von Leid und Glück sind auf den Körper zurückzuführen. Mit unserem Körper und unserem Geist empfinden wir abhängig von den Umständen Glück oder Leid. Wir streben nach Glück, nicht nach Leid, denn es ist der natürliche Zustand der Seele, glücklich zu sein. Die Seele ist ein Teil des Höchsten Wesens, Kṛṣṇa, der *sac-cid-āṇanda-vigrahaḥ* ist: die Verkörperung von Wissen, Glückseligkeit und Ewigkeit. Unser Gottesbegriff ist allumfassend. Der Name „Kṛṣṇa" bedeutet „die größte Freude". *Kṛṣ* bedeutet „größte" und *ṇa* bedeutet „Freude". Kṛṣṇa ist der Inbegriff der Freude und da wir ein Teil von Ihm sind, sehnen wir uns nach Freude. Genauso wie ein Tropfen Wasser aus dem Meer die gleichen Eigenschaften hat wie das Meer selbst, haben auch wir, die wir winzige Teilchen des höchsten Ganzen sind, die gleichen Eigenschaften wie der Höchste.

Obgleich die Seele verschwindend klein ist, bewegt sie doch den ganzen Körper, sodass dieser auf sehr erstaunliche Weise handeln kann. Hier in New York gibt es viele gewaltige Gebäude und Fabriken, Straßen und Brücken – wer hat das alles ermöglicht? Es ist der spirituelle Funke im Körper! Wenn schon der winzige spirituelle Funke solch erstaunliche Dinge vollbringen kann, wie sollten wir uns auch nur im entferntesten vorstellen können, wozu das höchste spirituelle Ganze in der Lage ist? Es ist ganz natürlich, dass der spirituelle Funke nach den Eigenschaften des Ganzen strebt – nach Wissen, Glückseligkeit und Ewigkeit –, aber der materielle Körper legt uns ständig Hindernisse in den Weg.

Wir müssen unsere Existenz jenseits des Körpers erkennen. Einfach nur theoretisch zu wissen, dass wir nicht der Körper sind, genügt nicht. Wir sollten immer vom Körper losgelöst bleiben und als dessen Meister und nicht als dessen Diener handeln. Wenn wir richtig mit einem Auto umzugehen wissen, wird es uns von großem Nutzen sein; anderenfalls bringen wir uns nur in Gefahr.

Der Körper besteht aus Sinnen und die Sinne begehren immer nach ihren Objekten. Die Augen sehen ein attraktives Mitglied des anderen Geschlechts und sagen uns: „Schau, eine schöne Frau!", „Schau, ein schöner Mann!" Die Ohren flüstern uns zu: „Dort läuft gute Musik. Hör zu!" Die Zunge lechzt: „Schau, hier ist ein Wirtshaus, wo man gut essen kann. Geh hinein!" Auf diese Weise zerren uns die Sinne von einem Ort zum anderen und wir sind ständig verwirrt.

indriyāṇāṁ hi caratāṁ
yan mano 'nuvidhīyate
tad asya harati prajñāṁ
vāyur nāvam ivāmbhasi

„Gleich einem Boot auf dem Wasser, das von einem Sturm weggerissen wird, kann schon einer der ungezügelten Sinne, auf den sich der Geist richtet, die Intelligenz des Menschen forttragen" [*Bhagavad-gītā* 2.67].

Wir müssen unbedingt lernen, die Sinne zu beherrschen. Wer dies gelernt hat, dem wird der Titel *gosvāmī* verliehen. *Go* bedeutet „Sinne" und Swami bedeutet „Beherrscher"; wer also die Sinne zu beherrschen vermag, wird als *gosvāmī* bezeichnet. Jemand aber, so betont Kṛṣṇa, der an Sinnenfreuden haftet und sich in seiner Illusion mit dem materiellen Körper identifiziert, kann seine wahre Identität als spirituelle Seele nicht erkennen. Körperliche Freuden sind wie ein flüchtiger Rausch und da sie nur kurz andauern, können wir sie nicht wirklich genießen. Wahre Freude kommt von der Seele, nicht vom Körper. Unser Leben müssen wir deshalb so gestalten, dass wir uns nicht von körperlichen Genüssen ablenken lassen, denn sonst können wir das Bewusstsein nicht auf unsere wahre Identität jenseits dieses Körpers ausrichten.

bhogaiśvarya-prasaktānāṁ
tayāpahṛta-cetasām
vyavasāyātmikā buddhiḥ
samādhau na vidhīyate

trai-guṇya-viṣayā vedā
nistrai-guṇyo bhavārjuna
nirdvandvo nitya-sattva-stho
niryoga-kṣema ātmavān

„Im Geiste derer, die zu sehr an Sinnengenuss und materiellem Reichtum haften und die durch solche Dinge verwirrt sind, kommt es nicht zu dem festen Entschluss, dem Höchsten Herrn in Hingabe zu dienen. Die Veden handeln hauptsächlich von den drei Erscheinungsweisen der materiellen Natur. O Arjuna, transzendiere diese drei Erscheinungsweisen. Sei frei von allen Dualitäten und aller Sorge um Gewinn und Sicherheit und sei im Selbst gefestigt!" [*Bhagavad-gītā* 2.44–45]

Das Wort *veda* bedeutet soviel wie „Buch des Wissens". Je nach Land, Volk und Klima gibt es verschiedene Weisheitsbücher: In Indien gibt es die Veden, im Westen das Alte und Neue Testament und bei den Muslimen den Koran. All diese verschiedenen Weisheitsbücher sollen den Menschen erheben, sodass er seine Identität als reine spirituelle Seele verstehen kann. Deshalb enthalten sie verschiedene Regeln und Verbote, um körperzentrierte Tätigkeiten einzuschränken. Diese Vorschriften, wie zum Beispiel die Zehn Gebote der Bibel, gelten als moralische Gesetze. Das Ziel dabei ist immer, die Menschen vor einem lasterhaften Leben zu beschützen. Um die höchste Vollkommenheit zu erreichen, muss man seine Sinne beherrschen. Die religiösen Gebote variieren wohl ein wenig von Land zu Land und von Schrift zu Schrift, denn sie wurden gemäß der Zeit, der Situation und der Mentalität der jeweiligen Menschen verfasst. Das grundlegende Prinzip jedoch, die regulierte Lebensweise, ist überall dasselbe. Auch eine Regierung erlässt Gesetze, an die sich die Bürger halten müssen. Ohne Gesetze kann ein Staat oder eine Zivilisation nicht vorankommen. Im oben zitierten Vers sagt Śrī Kṛṣṇa zu Arjuna, dass die Anweisungen der Veden dazu bestimmt sind, den Einfluss der drei Erscheinungsweisen der materiellen Natur (Tugend, Leidenschaft und Unwissenheit) zu regulieren *(trai-guṇya-viṣayā-vedāḥ)*. Um jedoch ganz von ihrem Einfluss frei zu werden, weist Kṛṣṇa Arjuna an, sich völlig seiner wahren Identität als spirituelle Seele bewusst zu werden.

Menschen, die an Genuss und Macht interessiert

sind, werden von den Worten der Veden verlockt, denn die Veden [*Ṛg, Yajur, Sāma* und *Atharva*] beschreiben viele Formen von Opfern und Verhaltensmaßregeln, durch die man Genuss auf den himmlischen Planeten erreichen kann. Genuss ist unser Geburtsrecht, denn er gehört zur Natur der spirituellen Seele; die spirituelle Seele jedoch versucht, Materie zu genießen, und das ist ihr Fehler.

Die Seele ist ihrem Wesen nach ewig, voller Freude und Wissen. Die Menschen eignen sich auf den verschiedensten Gebieten Wissen an. Der eine ist Chemiker, der andere Physiker, Politiker, Künstler oder was auch immer. Jeder weiß etwas über alles oder alles über etwas und dies gilt im Allgemeinen als Wissen. Sobald wir jedoch den Körper verlassen, geht all dieses Wissen verloren. Auch wer in einem früheren Leben ein großer Gelehrter war, muss im jetzigen Leben wieder zur Schule gehen, um lesen und schreiben zu lernen. Alles, was man in früheren Leben gewusst hat, ist vergessen. Eigentlich möchten wir ewiges Wissen besitzen, aber solches Wissen können wir mit dem materiellen Körper nicht erlangen. Ebensowenig können wir durch unseren Körper Genuss erfahren, denn körperlicher Genuss ist kein wirklicher Genuss; er ist künstlich. Wenn wir dennoch an diesen künstlichen Freuden festhalten, wird es uns nicht möglich sein, die wahren, ewigen Freuden der Seele zu erfahren.

Einen materiellen Körper zu besitzen, kommt einem krankhaften Zustand gleich. Ein kranker Mensch kann das Leben nicht richtig genießen. Wenn jemand zum Beispiel Gelbsucht hat, schmeckt Kandiszucker für ihn bitter, aber ein Gesunder kann die Süße schmecken.

Der Zucker ist immer der gleiche, aber abhängig von unserem Gesundheitszustand schmeckt er verschieden. Solange wir von der krankhaften körperlichen Lebensauffassung nicht geheilt sind, können wir die Süße des spirituellen Lebens nicht kosten, ja es wird uns bitter vorkommen. Und wenn wir versuchen, den Genuss des materiellen Lebens zu steigern, verschlimmern wir die Krankheit nur noch. Ein Patient, der an Typhus leidet, darf keine feste Nahrung zu sich nehmen, und gibt ihm jemand aus falschem Mitgefühl dennoch feste Nahrung, verschlechtert sich sein Gesundheitszustand so sehr, dass er in Lebensgefahr gerät. Wer sich wirklich von den Leiden des materiellen Dasein heilen will, muss seinen körperlichen Genuss auf ein Mindestmaß herabsetzen.

Eigentlich ist materieller Genuss gar kein Genuss, denn echter Genuss ist nicht vergänglich. In einem Vers des *Mahābhārata* heißt es: *ramante yogino 'nante.* Die Yogis *(yogino),* die sich auf die spirituelle Ebene erheben, genießen *(ramante)* wirklich, denn ihr Genuss ist endlos *(anante),* da er in Beziehung zum Höchsten Genießer, Śrī Kṛṣṇa, steht, der deshalb auch Rāma genannt wird. Bhagavān Śrī Kṛṣṇa ist der wahre Genießer, wie die *Bhagavad-gītā* [5.29] mit folgenden Worten bestätigt:

bhoktāraṁ yajña-tapasāṁ
sarva-loka-maheśvaram
suhṛdaṁ sarva-bhūtānāṁ
jñātvā māṁ śāntim ṛcchati

„Derjenige, der sich vollkommen über Mich bewusst ist und weiß, dass Ich der letztliche Nutznießer aller Opfer und Entsagungen, der Höchste Herr aller Planeten und Halbgötter und der Wohltäter und wohlmeinende Freund aller Lebewesen bin, erlangt Frieden von den Qualen des materiellen Daseins."

Bhoktāraṁ kommt von *bhoga,* was „Genuss" bedeutet. Den wahren Genuss erreichen wir, wenn wir verstehen, dass wir dazu bestimmt sind, Kṛṣṇa Genuss zu bereiten. Der Höchste Herr ist der wirkliche Genießer *(puruṣa)* und wir sind die diejenigen, die Seinem Genuss dienen *(prakṛti).*

In der materiellen Welt gilt der Ehemann als *puruṣa,* der Genießer, und seine Frau als *prakṛti,* diejenige, die ihm Genuss bereitet. In ihrer Beziehung wird der Genuss jedoch von beiden geteilt. Wenn man überhaupt von Genuss sprechen kann, wäre es falsch zu sagen, dass der Mann mehr und die Frau weniger genieße. Es heißt zwar, dass der Mann übergeordnet und die Frau untergeordnet ist, aber diese Unterscheidung gibt es in Bezug auf den Genuss nicht. In einem höheren Sinn jedoch ist kein Lebewesen der Genießer.

Gott hat sich in viele erweitert und diese Erweiterungen sind wir. Gott ist der Eine ohnegleichen, aber es gefiel Ihm, sich zu erweitern. Warum? Um zu genießen. Ohne den Austausch mit anderen gibt es keinen Genuss. Führe ich nur allein Selbstgespräche, dann ist das lange nicht so schön, wie wenn ich vor anderen Menschen über Kṛṣṇa sprechen kann – je mehr zuhören, desto besser. Genuss bedeutet Vielfalt. Gott hat sich in viele erweitert, um Freude zu erfahren und deshalb gehört es zu unserer Natur, Ihm Feude zu bereiten. Das ist unsere wesensgemäße Stellung und der Zweck unseres Daseins. Nicht nur der Genießer, sondern auch diejenigen, die Ihm Genuss bereiten, haben Bewusstsein, aber ihr Bewusstsein ist dem des Genießers untergeordnet. Obwohl Kṛṣṇa der Genießer ist und wir zu seinem Genuss bestimmt sind, können wir alle gleichermaßen am Genuss teilhaben. Unser Genuss erreicht die Vollkommenheit, wenn wir am Genuss Gottes teilnehmen. Getrennt von Gott können wir keinen Genuss erfahren; wir müssen also mit Gott, dem Höchsten Genießer, zusammenarbeiten. Die verschiedenen Körperteile, wie die Hände, die Beine, die Augen, die Ohren und der Kopf, können unabhängig vom Körper nicht genießen, sondern nur, wenn sie mit ihm zusammenarbeiten. Eine vom Körper abgetrennte Hand ist nutzlos. Nur solange sie mit dem Körper verbunden ist, kann sie Genuss in Form von Berührung erfahren. Einzig in der Verbindung mit Gott können wir also wahres Glück genießen. Vom Streben nach eigensüchtigem, also materiellem, körperlichem Genuss wird überall in der *Bhagavad-gītā* abgeraten.

mātrā-sparśās tu kaunteya
śītoṣṇa-sukha-duḥkha-dāḥ
āgamāpāyino 'nityās
tāṁs titikṣasva bhārata

„O Sohn Kuntīs, das unbeständige Erscheinen von Glück und Leid und ihr Verschwinden im Laufe der Zeit gleichen dem Kommen und Gehen von Sommer und Winter. Sie entstehen durch Sinneswahrnehmung, o Nachkomme Bharatas, und man muss lernen, sie zu dulden, ohne sich verwirren zu lassen." [*Bhagavad-gītā* 2.14]

Der grobstoffliche materielle Körper wird durch die

Wechselwirkung der Erscheinungsweisen der materiellen Natur geschaffen und er wird zugrunde gehen.

antavanta ime dehā
nityasyoktāḥ śarīriṇaḥ
anāśino 'prameyasya
tasmād yudhyasva bhārata

„Dem materiellen Körper des unzerstörbaren, unmessbaren und ewigen Lebewesens ist es mit Sicherheit bestimmt, zu sterben. Deshalb kämpfe, o Nachkomme Bharatas." [*Bhagavad-gītā* 2.18]

Śrī Kṛṣṇa ermutigt uns aus diesem Grund, die körperliche Lebensauffassung hinter uns zu lassen und unser wahres spirituelles Leben zu beginnen.

guṇān etān atītya trīn
dehī deha-samudbhavān
janma-mṛtyu-jarā-duḥkhair
vimukto 'mṛtam aśnute

„Wenn es dem verkörperten Wesen gelingt, diese drei Erscheinungsweisen zu transzendieren, die mit dem materiellen Körper verbunden sind, kann es von Geburt, Tod, Alter und den dazugehörigen Leiden frei werden und bereits in diesem Leben Nektar genießen." [*Bhagavad-gītā* 14.20]

Um die reine spirituelle Ebene *(brahma-bhūta)* jenseits des Einflussbereiches der drei Erscheinungsweisen zu erreichen, müssen wir uns dem Vorgang des Kṛṣṇa-Bewusstseins zuwenden. Das wird uns durch das Geschenk Caitanya Mahāprabhus sehr einfach gemacht;

wir brauchen nur die Namen Kṛṣṇas zu chanten: Hare Kṛṣṇa, Hare Kṛṣṇa, Kṛṣṇa Kṛṣṇa, Hare Hare/Hare Rāma, Hare Rāma, Rāma Rāma, Hare Hare. Dieses Chanten, das auch als *mantra-yoga* bezeichnet wird, gehört zum Pfad des *bhakti-yoga* und wird von den höchsten Transzendentalisten praktiziert. Die Transzendentalisten streben danach, ihre Identität jenseits von Geburt und Tod, jenseits des materiellen Körpers zu erkennen und sich aus dem materiellen Universum in die spirituelle Welt zu erheben. Wie sie dieses Ziel erreichen, das stellt das Thema der folgenden Kapitel dar.

KAPITEL ZWEI

Die Überwindung des Todes

Es gibt verschiedene Arten von Transzendentalisten: den *jñāna-yogī,* den *dhyāna-yogī* und den *bhakti-yogī.* Sie alle können in die spirituelle Welt gelangen, denn das Ziel des Yogasystems ist es, unsere Beziehung zum Höchsten Herrn wiederherzustellen. Wir sind ewig mit dem Höchsten Herrn verbunden, aber gegenwärtig sind wir in der materiellen Welt gefangen. Daher müssen wir zum Herrn zurückkehren und die Methode, sich wieder mit Ihm zu verbinden, wird Yoga genannt.

Die eigentliche Bedeutung von „Yoga" ist „mit" – das Gegenteil von „ohne". Zur Zeit sind wir *ohne* Gott, *ohne* den Höchsten. Doch sobald wir uns *mit* Gott verbinden, haben wir die Vollkommenheit des menschlichen Daseins erreicht.

Bis zu unserem Tode müssen wir die Stufe der Vollkommenheit erreicht haben. Deshalb müssen wir uns während des Lebens darin üben, uns dieser Stufe so weit wie möglich zu nähern, denn so können wir zum Zeitpunkt des Todes, wenn wir unseren Körper aufgeben, die Vollkommenheit erlangen.

prayāṇa-kāle manasācalena
bhaktyā yukto yoga-balena caiva
bhruvor madhye prāṇam āveśya samyak
sa taṁ paraṁ puruṣam upaiti divyam

„Wer zum Zeitpunkt des Todes seine Lebensluft zwischen die Augenbrauen richtet und sich durch die Kraft von Yoga in vollkommener Hingabe an den Höchsten Herrn erinnert, ohne im Geist abzuweichen, wird die Höchste Persönlichkeit Gottes mit Gewissheit erreichen." [*Bhagavad-gītā* 8.10]

Ein Student zum Beispiel bereitet sich zwei, drei oder vier Jahre auf seine Abschlussprüfung vor und wenn er sie besteht, bekommt er sein Diplom. Wenn wir uns auf die Abschlussprüfung des Todes vorbereiten und sie bestehen, erreichen wir die spirituelle Welt. Alles, was wir in diesem Leben gelernt haben, wird im Moment des Todes geprüft.

yaṁ yaṁ vāpi smaran bhāvaṁ
tyajaty ante kalevaram
taṁ tam evaiti kaunteya
sadā tad-bhāva-bhāvitaḥ

„Was auch immer der Daseinszustand ist, an den man sich erinnert, wenn man seinen Körper verlässt, o Sohn Kuntīs, diesen Zustand wird man ohne Zweifel erreichen." [*Bhagavad-gītā* 8.6]

Es gib ein bekanntes bengalisches Sprichwort, laut dem alles, was man für die Vollkommenheit tut, im Augenblick des Todes auf die Probe gestellt wird. In der *Bhagavad-gītā* beschreibt Kṛṣṇa, was wir im Moment des Todes tun sollen, wenn wir den gegenwärtigen Körper aufgeben. Für denjenigen, der sich der Meditation widmet, den *dhyāna-yogī,* spricht Śrī Kṛṣṇa die folgenden Verse [*Bhagavad-gītā* 8.11–12]:

yad akṣaraṁ veda-vido vadanti
viśanti yad yatayo vīta-rāgāḥ
yad icchanto brahma-caryaṁ caranti
tat te padaṁ saṅgraheṇa pravakṣye

sarva-dvārāṇi saṁyamya
mano hṛdi nirudhya ca
mūrdhny ādhāyātmanaḥ prāṇam
āsthito yoga-dhāraṇām

„Die großen Weisen im Lebensstand der Entsagung, die in den Veden bewandert sind und den *oṁkāra* chanten, gehen in das Brahman ein. Wer sich solche Vollkommenheit wünscht, lebt im Zölibat. Ich werde dir jetzt kurz diesen Vorgang erklären, durch den man Erlösung erlangen kann. Yoga bedeutet, sich von allen Tätigkeiten der Sinne zu lösen. Indem man alle Tore der Sinne schließt, den Geist auf das Herz und die Lebensluft auf den höchsten Punkt des Kopfes richtet, wird man im Yoga gefestigt."

In der Fachsprache des Yoga wird diese Methode als *pratyāhāra* bezeichnet, was „genau das Gegenteil" bedeutet. Unsere Augen erfreuen sich zum Beispiel an weltlicher Schönheit. *Pratyāhāra* heißt aber, dass wir uns des Genusses der äußeren Schönheit enthalten und uns in Meditation versenken sollten, um die innere Schönheit zu betrachten. In unserem Innern sollten wir *oṁkāra* hören, die klangliche Repräsentation des Herrn.

oṁ ity ekākṣaraṁ brahma
vyāharan mām anusmaran
yaḥ prayāti tyajan dehaṁ
sa yāti paramāṁ gatim

„Wenn man in diesem Yogavorgang gefestigt ist und die heilige Silbe *oṁ,* die höchste Buchstabenkombination, chantet und wenn man dann beim Verlassen des Körpers an die Höchste Persönlichkeit Gottes denkt, wird man mit Sicherheit die spirituellen Planeten erreichen." [*Bhagavad-gītā* 8.13]

So müssen wir alle anderen Sinne von ihren äußeren Tätigkeiten zurückziehen und in die Meditation über Gott versenken. Die Vollkommenheit des *dhyāna-yoga* ist es, den Geist auf die *viṣṇu-mūrti,* die Form Gottes, die im Herzen weilt, zu konzentrieren. Der Geist ist leicht erregbar und muss daher auf das Herz gerichtet werden *(mano hṛdi nirudhya).* Das Wort *nirudhya* bedeutet: den Geist im Herzen einsperren. Wenn man hierauf die Lebensluft im höchsten Punkt des Kopfes sammelt *(mūrdhny ādhāyātmanaḥ prāṇam āsthito yoga-dhāraṇām),* hat man das Ziel des Yoga erreicht.

Der Yogi kann dann bestimmen, wohin er nach seinem Tod gehen möchte. Es gibt zahllose Planeten in der materiellen Welt und jenseits der materiellen Welt gibt es noch die spirituelle Welt. Die Yogis erhalten aus den vedischen Schriften Auskunft über all diese verschiedenen Planeten. Bevor ich nach Amerika gekommen bin, habe ich in Büchern Beschreibungen über dieses Land gelesen, und so kann man auch in den vedischen Schriften Beschreibungen der höheren Planeten und der spirituellen Welt finden.

Der Yogi weiß über all das Bescheid und kann sich zu jedem beliebigen Planeten begeben. Er braucht dazu kein Raumschiff. Die Raumfahrt ist nicht das geeignete Mittel, sich auf andere Planeten zu erheben. Mit großem zeitlichen und finanziellen Aufwand werden vielleicht ein oder zwei Menschen in der Lage sein, einen anderen Planeten auf materielle Weise, also in Raumschiffen und Raumanzügen, zu erreichen, aber das ein mühseliger und unpraktischer Weg. Aber es ist keinesfalls möglich, mit mechanischen Mitteln das Universum zu verlassen. Der normale Weg, auf dem man zu den höheren Planeten gelangt, ist dieses System des *dhyāna-yoga* oder das System des *jñāna-yoga*.

Bhakti-yoga hingegen dient nicht der Erhebung zu irgendeinem materiellen Planeten. Die Geweihten Kṛṣṇas, des Höchsten Herrn, sind an keinem Planeten im materiellen Universum interessiert, denn sie wissen, dass auf allen Planeten die vier Grundprinzipien des materiellen Daseins gelten: Geburt, Tod, Krankheit und Alter. Obwohl man auf den höheren Planeten viel, viel länger lebt als auf der Erde, muss man auch dort letzten Endes sterben. Deswegen interessieren sich die Geweihten Kṛṣṇas nicht für das materielle Leben, das Geburt, Tod, Krankheit und Alter bedeutet, sondern für das spirituelle Leben, das einen von diesen Leiden befreien kann. Geburt, Tod, Unwissenheit und Elend – all diese Dinge hören im spirituellen Leben auf. Intelligente Menschen streben nicht danach, sich auf irgendeinen Planeten in der materiellen Welt zu erheben.

Wenn man versucht, die höheren Planeten mit mechanischen Mitteln zu erreichen, ist einem der sofortige Tod sicher, denn der Körper kann eine solch drastische Veränderung der Lebensbedingungen nicht aushalten. Wenn wir aber die höheren Planeten durch das Yogasystem erreichen, werden wir einen passenden Körper bekommen. Für jeden Planeten gibt es einen passenden Körper, ohne den man sich dort nicht aufhalten kann. Wir können zum Beispiel mit unserem Körper nicht länger als 15 oder 16 Stunden im Wasser leben. Die fische jedoch besitzen einen geeigneten Körper und verbringen ihr ganzes Leben im Wasser. Nimmt man aber einen fisch aus dem Wasser, wird er sofort sterben. Selbst auf unserem Planeten braucht man also den richtigen Körper, um an einem bestimmten Ort leben zu können. Wenn man daher einen anderen Planeten betreten will, muss man sich auf diesen Aufenthalt vorbereiten, indem man einen geeigneten Körper annimmt.

Ein Jahr auf der Erde entspricht einem Tag und einer Nacht auf den höheren Planeten und die Bewohner dieser Planeten leben 10 000 Jahre ihrer Zeitrechnung. So wird es in den vedischen Schriften geschildert. Auf diesen Planeten kann man ohne Zweifel sehr lange leben, aber am Ende muss man doch sterben – ob nach 10 000, 20 000 oder Millionen von Jahren, das spielt keine Rolle. Die Tage sind gezählt und schießlich kommt der Tod. Die spirituelle Seele ist jedoch nicht dem Tod unterworfen. Schon zu Anfang der *Bhagavad-gītā* [2.20] erfahren wir:

na jāyate mriyate vā kadācin
nāyaṁ bhūtvā bhavitā vā na bhūyaḥ
ajo nityaḥ śāśvato 'yaṁ purāṇo
na hanyate hanyamāne śarīre

„Für die Seele gibt es zu keiner Zeit Geburt oder Tod. Sie ist nicht entstanden, sie entsteht nicht, und sie wird nie entstehen. Sie ist ungeboren, ewig, immerwährend und urerst. Sie wird nicht getötet, wenn der Körper getötet wird."

Wir sind ewige spirituelle Seelen. Warum sollten wir uns selbst Geburt und Tod ausliefern? Solch eine Frage zeugt von wahrer Intelligenz. Kṛṣṇa-bewusste Menschen sind sehr klug; ihnen ist nichts daran gelegen, auf irgendeinen Planeten erhoben zu werden, wo sie erneut sterben müssen, auch wenn die Lebensdauer dort lang ist. Stattdessen wollen sie einen spirituellen Körper, der die gleiche Beschaffenheit wie der Körper Gottes hat. *Īśvaraḥ paramaḥ kṛṣṇaḥ sac-cid-ānanda-vigrahaḥ*. Gottes Körper ist *sac-cid-ānanda*. *Sat* bedeutet „ewig", *cit* „voller Wissen" und *ānanda* „voller Freude". Wenn wir nach dem Verlassen unseres Körpers die spirituelle Welt erreichen – Kṛṣṇas Planeten oder irgendeinen anderen spirituellen Planeten –, bekommen wir einen Körper, der ebenso voller *sac-cid-ānanda* (Ewigkeit, Wissen und Glückseligkeit) ist. Mit anderen Worten: Wer versucht, im Kṛṣṇa-Bewusstsein Fortschritte zu machen, hat ein anderes Ziel im Leben als jemand, der danach strebt, sich auf einen der höheren Planeten in der materiellen Welt zu erheben.

Unsere Seele ist ein winzig kleines, unsichtbares Teilchen, das sich im Körper befindet. Das Ziel des *dhyāna-*

yoga-Systems oder *ṣaṭ-cakra*-Systems besteht darin, die Seele allmählich zur höchsten Stelle des Kopfes zu erheben. Die Vollkommenheit hat man als Yogi erlangt, wenn man von dort aus die Schädeldecke durchbricht und sich auf einen der höheren Planeten erhebt. Auf diese Weise kann ein Yogi jeden beliebigen Planeten erreichen.

Ähnlich wie wir neugierig sind, was es auf dem Mond gibt, denkt sich der Yogi: „Ich will einmal schauen, wie es auf dem Mond aussieht. Danach werde ich zu höheren Planeten aufsteigen." Mit Hilfe dieses Yogasystems können wir im Universum von einem Planeten zum anderen gelangen, ebenso wie wir auf der Erde von New York nach Kalifornien und weiter nach Kanada reisen können. Überall besteht allerdings das gleiche System: Man braucht ein Visum und muss durch den Zoll. Ein Kṛṣṇa-bewusster Mensch freilich interessiert sich nicht für solche vergänglichen Planeten, auch wenn ihn dort ein langes Leben erwarten mag.

Oṁ ity ekākṣaraṁ brahma: Der Yogi sollte im Augenblick des Todes das *oṁkāra,* also die Silbe *oṁ,* rezitieren, das die höchste transzendentale Klangschwingung ist. Wenn der Yogi diesen Klang erzeugt und sich dabei an Kṛṣṇa, oder Viṣṇu, erinnert *(mām anusmaran),* erlangt er das höchste Ziel. Der Yogavorgang besteht darin, den Geist auf Viṣṇu zu konzentrieren. Die Unpersönlichkeitsanhänger stellen sich eine Form des Höchsten Herrn vor; die Persönlichkeitsanhänger dagegen stellen sich nichts vor – sie sehen die Gestalt des Höchsten Herrn tatsächlich. Ob man sich Viṣṇu nun vorstellt oder Ihn wirklich sieht, man muss auf jeden Fall seinen Geist auf Kṛṣṇas persönliche Gestalt konzentrieren.

ananya-cetāḥ satataṁ
yo māṁ smarati nityaśaḥ
tasyāhaṁ su-labhaḥ pārtha
nitya-yuktasya yoginaḥ

„Für denjenigen, der sich, ohne abzuweichen, an Mich erinnert, bin Ich sehr leicht zu erreichen, o Sohn Pṛthās, da er sich ständig im hingebungsvollen Dienst betätigt." [*Bhagavad-gītā* 8.14]

Wer sich mit zeitweiligem Glück, einem vergänglichen Leben und vorübergehenden Annehmlichkeiten zufriedengibt, ist nach den Worten der *Bhagavad-gītā* (7.23) nicht intelligent: *antavat tu phalaṁ teṣāṁ tad bhavaty alpa-medhasām.* Laut der *Gītā* streben nur diejenigen, die über sehr wenig Intelligenz verfügen, nach Zeitweiligem. Warum sollten wir uns für zeitweilige Dinge interessieren, wenn wir ewig sind? Niemand wünscht sich ein vergängliches Dasein.

Wenn wir in einer Wohnung leben und uns der Hauseigentümer kündigt, sind wir gezwungen, die Wohnung zu räumen, ob wir wollen oder nicht. Wir tun das nicht gerne, es sei denn, wir können in eine bessere Wohnung umziehen. Im Allgemeinen sehnen wir uns nach einem Wohnsitz, an dem wir für immer bleiben können, denn wir sind ewig. Das ist eine ganz natürliche Neigung. Weil wir ewig sind, wollen wir auch nicht sterben oder krank werden. Krankheit, Tod, Geburt und Leid sind künstliche, äußerliche Dinge.

Manchmal werden wir von Fieber befallen. Fieber zu haben, ist für uns ein unnatürlicher Zustand und um uns davon zu befreien, müssen wir bestimmte Maßnahmen ergreifen. In ähnlicher Weise müssen wir uns, um uns von den Leiden der Geburt, des Todes, der Krankheit und des Alters zu befreien, vom materiellen Körper lösen, denn diese Leiden kommen vom materiellen Körper.

Der Yogi, der ein Unpersönlichkeitsanhänger ist, sollte beim Verlassen des materiellen Körpers den transzendentalen Klang *oṁ* chanten. Jeder, der im Moment des Todes den transzendentalen Klang *oṁ* ausspricht und völlig in Gedanken an den Höchsten Herrn versunken ist, wird ohne Zweifel in die spirituelle Welt gelangen. Die Unpersönlichkeitsanhänger jedoch können die spirituellen Planeten nicht betreten, sondern bleiben außerhalb, in der *brahma-jyoti*-Ausstrahlung. Genau wie der Sonnenschein mit der Sonne eins, aber doch von ihr verschieden ist, ist die Ausstrahlung des Höchsten Herrn, die *brahma-jyoti* genannt wird, mit dem Höchsten Herrn eins und doch von Ihm verschieden. Die Unpersönlichkeitsanhänger, die die spirituelle Welt erreichen, gehen als winzige Teilchen in dieses *brahma-jyoti* ein.

Wir alle sind winzige Teilchen, spirituelle Funken, und das *brahma-jyoti* besteht aus unendlich vielen solcher spirituellen Funken. Als spirituelle Funken tauchen die Unpersönlichkeitsanhänger in das spirituelle Dasein ein. Sie behalten zwar ihre wesensgemäße Individualität, aber weil sie keine persönliche Form annehmen wollen, werden sie in das unpersönliche *brahma-jyoti* versetzt und müssen dort bleiben. Vergleichbar mit den kleinen Partikeln, aus denen das Sonnenlicht besteht, ist die Seele ein winziges Teilchen, noch kleiner als ein Atom – so groß wie der zehntausendste Teil einer Haarspitze. Dieses kleine Teilchen verweilt im *brahma-jyoti* und obwohl es mit ihm verschmolzen zu sein scheint, ist es immer noch ein Individuum.

Das Problem ist nur, dass wir als Lebewesen alle nach Freude suchen. Existenz an sich genügt uns nicht, denn wir tragen in uns auch das Streben nach Glückseligkeit. Als Lebewesen vereinen wir in uns drei Eigenschaften: Ewigkeit, Wissen und Glückseligkeit. Diejenigen, die in das unpersönliche *brahma-jyoti* eingehen, denken: „Ich bin mit dem Brahman verschmolzen. Das Brahman und ich sind eins." Sie haben zwar Ewigkeit und Wissen, aber keine ewige Glückseligkeit. Das ist es, was ihnen fehlt.

Wenn wir allein in einem Zimmer eingeschlossen sind, können wir zwar für einige Zeit ein Buch lesen oder unseren Gedanken nachhängen, aber wir können nicht für den Rest unseres Lebens allein bleiben. Schließlich werden wir das Zimmer verlassen und Gemeinschaft suchen, denn das entspricht unserem Wesen. Wenn wir in die unpersönliche Ausstrahlung des Höchsten Herrn eingehen, besteht daher die Gefahr, dass wir wieder in die materielle Welt hinunterfallen, um Gemeinschaft zu finden. Das erfahren wir aus dem *Śrīmad-Bhāgavatam.*

Die Unpersönlichkeitsanhänger sind wie Astronauten, die immer höher und höher fliegen – 25 000, 30 000, 100 000 Meilen. Weil aber kein Planet ein geeigneter Aufenthaltsort für sie ist, müssen sie wieder zur Erde zurückkehren. Genauso wenig ist das unpersönliche Brahman ein geeigneter oder sicherer Aufenthaltsort. Daher heißt es im *Śrīmad-Bhāgavatam,* dass selbst nach größten Bemühungen für den Unpersönlichkeitsanhänger, der die spirituelle Welt erreicht hat und sich im unpersönlichen Brahman aufhält, die Gefahr besteht, wieder ins materielle Dasein zurückzufallen, weil er es versäumt hat, dem Höchsten Herrn mit Liebe und Hingabe zu dienen.

Solange wir auf der Erde sind, sollten wir uns darin üben, Kṛṣṇa, den Höchsten Herrn, zu lieben und Ihm zu dienen; dann wird es uns erlaubt sein, die spirituellen Planeten zu betreten. Wenn wir das nicht lernen, können wir als Unpersönlichkeitsanhänger zwar in die spirituelle Welt eingehen, aber die Gefahr ist sehr groß, dass wir wieder ins materielle Dasein zurückfallen. Weil wir die Einsamkeit nicht ertragen können, werden wir uns nach Gemeinschaft sehnen, und weil wir keine Gemeinschaft mit dem Höchsten Herrn haben, werden wir in die materielle Welt zurückkehren müssen, um dort Gemeinschaft zu finden.

Es ist für uns am besten, wenn wir unsere wesensgemäße Stellung klar erkennen. Was wir wirklich wollen, ist Ewigkeit, vollkommenes Wissen und vor allem Freude. Wenn wir allein sind, fehlt uns diese Freude, und wir fühlen uns unzufrieden. Weil wir aber Freude brauchen, wird uns jede Art von Freude, auch materielle Freude, recht sein. Das ist die Gefahr, die dem Unpersönlichkeitsanhänger droht. Im Kṛṣṇa-Bewusstsein hingegen werden wir von wahrer Freude erfüllt.

Die höchste Freude, die man in der materiellen Welt genießen kann, ist Sexualität, aber diese Freude ist nur ein verzerrtes Abbild; sie ist krankhaft. Auch in der spirituellen Welt gibt es so etwas wie Sexualität, doch wir sollten nicht denken, dass dies irgendwie mit der Sexualität in der materiellen Welt vergleichbar sei. *Janmādy asya yataḥ:* Wenn es in der spirituellen Welt keine Sexualität gäbe, könnte sie nicht in der materiellen Welt widergespiegelt werden. Das Leben in der materiellen

Welt ist aber nur ein verzerrtes Abbild – das wirkliche Leben ist das Leben in der spirituellen Welt.

Kṛṣṇa ist voller Freude und wenn wir uns darin üben, Ihm im Kṛṣṇa-Bewusstsein zu dienen, können wir im Augenblick des Todes in die spirituelle Welt eingehen und Kṛṣṇaloka, Kṛṣṇas eigenen Planeten, betreten, um in Kṛṣṇas Gemeinschaft glücklich zu sein. Kṛṣṇaloka wird in der *Brahma-saṁhitā* (5.29) wie folgt beschrieben:

cintāmaṇi-prakara-sadmasu kalpa-vṛkṣa-
lakṣāvṛteṣu surabhīr abhipālayantam
lakṣmī-sahasra-śata-sambhrama-sevyamānaṁ
govindam ādi-puruṣaṁ tam ahaṁ bhajāmi

„Ich verehre Govinda, den ursten Herrn, den ersten Vorfahren, der – umgeben von Millionen Wunschbäumen in Reichen aus spirituellen Edelsteinen – Kühe behütet, die alle Wünsche erfüllen, und dem Hunderttausende von *lakṣmīs* bzw. *gopīs* mit großer Achtung und Zuneigung ohne Unterlass dienen."

Die Häuser dort bestehen aus dem Stein der Weisen *(cintāmaṇi-prakara-sadmasu).* Wenn man mit einem kleinen Stückchen dieses Steins eine Eisenstange berührt, wird sie sich sofort in Gold verwandeln. In der materiellen Welt haben wir natürlich solch einen Stein noch nie gesehen, doch der Beschreibung der *Brahma-saṁhitā* zufolge bestehen auf Kṛṣṇaloka alle Häuser aus diesem Stein der Weisen. Die Bäume dort sind Wunschbäume *(kalpa-vṛkṣa),* von denen man alles bekommen kann, was man will. Hier wachsen auf einem Mangobaum nur Mangos und auf einem Apfelbaum nur Äpfel, doch auf Kṛṣṇaloka kann man von jedem Baum alles bekommen, was man sich wünscht. Die Kühe dort sind *surabhi*-Kühe und sie geben unbegrenzte Mengen von Milch. So lauten einige der Beschreibungen Kṛṣṇalokas.

Am besten versuchen wir uns daher nicht auf irgendeinen materiellen Planeten zu erheben, denn auf ihnen werden uns die gleichen Prinzipien des unglückseligen Lebens begegnen, an die wir uns schon gewöhnt haben. Wir haben uns schon mit Geburt und Tod abgefunden. Obwohl die Wissenschaftler auf ihren Fortschritt sehr stolz sind, gelingt es ihnen nicht, diese Probleme zu lösen und Alter, Krankheit und Tod aus der Welt zu schaffen. Sie können etwas herstellen, was den Tod beschleunigt, aber nichts, was dem Tod ein Ende setzt. Das steht nicht in ihrer Macht.

Wer also intelligent genug ist, versucht diese vier Probleme – *janma-mṛtyu-jarā-vyādhi* (Geburt, Tod, Alter und Krankheit) – zu lösen und ein spirituelles Leben voller Ewigkeit, Glückseligkeit und Wissen zu erlangen. Das ist möglich, wenn man die spirituellen Planeten erreicht.

Jemand, der sich in einem ständigen Trance-Zustand befindet *(nitya-yuktasya yoginaḥ)*, wird durch nichts abgelenkt, sondern bleibt auch in Trance. Der denkt ohne Unterbrechung an Kṛṣṇa *(ananya-cetāḥ satataṁ)*. Das Wort *satatam* bedeutet „immer und überall".

Bevor ich hierher kam, lebte ich in Vṛndāvana, wo Kṛṣṇa erschien, als Er auf die Erde herabkam. Obwohl ich mich jetzt in Amerika aufhalte, bin ich dennoch in Vṛndāvana, denn ich denke immer an Kṛṣṇa. Ich befinde mich zwar in einer Wohnung in New York, aber mein Bewusstsein ist in Vṛndāvana. Kṛṣṇa-Bewusstsein bedeutet, dass wir jetzt schon zusammen mit Kṛṣṇa auf Seinem spirituellen Planeten leben.

Kṛṣṇa erklärt, dass man Ihn sehr leicht erreichen kann, wenn man sich ständig an Ihn erinnert *(ananya-cetāḥ satataṁ yo māṁ smarati nityaśaḥ)*. Das ist der Vorgang, um Kṛṣṇa-Bewusstsein zu erlangen. Wer sich dem Kṛṣṇa-Bewusstsein zuwendet, kann das höchste und teuerste Gut sehr günstig erwerben. *Tasyāhaṁ sulabhaḥ pārtha nitya-yuktasya yoginaḥ*. „Wer immerfort im *bhakti-yoga* versunken ist – oh, für den koste Ich nicht viel, der kann Mich leicht erwerben."

Warum sollten wir also eine schwierige Methode versuchen? Wir chanten einfach: Hare Kṛṣṇa, Hare Kṛṣṇa, Kṛṣṇa Kṛṣṇa, Hare Hare/Hare Rāma, Hare Rāma, Rāma Rāma, Hare Hare. Wir können rund um die Uhr chanten, es gibt keine Regeln und Vorschriften. Wir können auf der Straße oder in der U-Bahn chanten, zu Hause oder im Büro. Es kostet nichts und man braucht dafür keine Steuern zu bezahlen. Warum probiert ihr es nicht einmal aus?

KAPITEL DREI

Ausbruch aus der materiellen Welt

Die *jñānīs* und Yogis sind im Allgemeinen Unpersönlichkeitsanhänger. Sie können zwar vorübergehend Befreiung erlangen, indem sie in die unpersönliche Ausstrahlung, den spirituellen Himmel, eingehen, aber dem *Śrīmad-Bhāgavatam* zufolge kann ihr Wissen nicht als rein bezeichnet werden. Selbst wenn sie sich durch Askese und Meditation auf die transzendentale Ebene erheben, fallen sie, wie bereits erklärt, wieder in die materielle Welt zurück, weil sie die Eigenschaften Kṛṣṇas als Person ignoriert haben. Wer nicht die Lotosfüße Kṛṣṇas verehrt, muss wieder zur materiellen Ebene zurückkehren. Die ideale Haltung drückt sich in folgendem Gebet an Kṛṣṇa aus: „Ich bin Dein ewiger Diener. Bitte erlaube mir, Dir irgendwie zu dienen." Kṛṣṇa wird *ajitaḥ,* „unbezwingbar", genannt, denn niemand kann Gott bezwingen. Mit dieser dienenden Haltung jedoch, erklärt das *Śrīmad-Bhāgavatam,* ist der Höchste Herr leicht zu erobern. Das *Śrīmad-Bhāgavatam* rät uns auch davon ab, den Höchsten mit unseren begrenzten Mitteln ermessen zu wollen. Das wäre ein aussichtsloses Unterfangen – wir können ja nicht einmal die Grenzen des Weltalls ermessen. Kṛṣṇas Größe ist mit unserer winzigen Intelligenz nicht zu erfassen und wer zu dieser Schlussfolgerung kommt, wird von den vedischen Schriften als intelligent bezeichnet. In dieser ergebenen Haltung sollte man verstehen, dass man eine sehr unbedeutende Stellung im Universum einnimmt. Wir sollten es aufgeben, den Höchsten mit unserem begrenzten Wissen erkennen zu wollen, und demütig werden. Dann können wir aus den maßgeblichen Quellen, wie der *Bhagavad-gītā,* und aus dem Munde einer selbstverwirklichten Seele Wissen über den Höchsten empfangen.

In der *Bhagavad-gītā* hört Arjuna direkt von den Lippen Śrī Kṛṣṇas und gibt so das Beispiel, wie man den Höchsten durch ergebenes Zuhören verstehen kann. Wir müssen die *Bhagavad-gītā* aus dem Munde Arjunas oder seines echten Stellvertreters, des spirituellen Meisters, hören und danach dieses Wissen auch im täglichen Leben anwenden. „Mein lieber Herr, Du bist unbezwingbar“, betet der Gottgeweihte, „aber durch ergebenes Hören kann man Dein Herz erobern.“ Wer nicht mehr versucht, Gott durch seine eigene Geisteskraft zu verstehen, kann den Unbezwingbaren bezwingen.

Die *Brahma-saṁhitā* beschreibt zwei Wege, sich Wissen anzueignen, die aufsteigende und die absteigende Methode. Bei der aufsteigenden Methode erhebt man sich durch selbsterworbenes Wissen. Das entspricht der

Haltung: „Ich brauche keine Lehrer oder Bücher. Ich erlange Wissen auf eigene Faust. Ich meditiere, philosophiere, spekuliere und so werde ich Gott verstehen." Bei der absteigenden Methode hingegen empfängt man Wissen von höheren Quellen. Wer dem aufsteigenden Vorgang folgt, erklärt die *Brahma-saṁhitā,* wird am Ende so wenig über Gott wissen wie am Anfang, auch wenn er mit der Geschwindigkeit des Windes oder des Geistes für Millionen von Jahren durchs Weltall reist. Das, wonach er sucht, Gott, bleibt ihm völlig unbegreiflich.

Kṛṣṇa erklärt in der *Bhagavad-gītā,* man müsse in demütiger Hingabe, ohne vom Pfad des hingebungsvollen Dienstes abzuweichen, über Ihn, Kṛṣṇa, meditieren *(ananya-cetāḥ).* Wer Ihn auf diese Weise verehre, werde Ihn leicht erreichen *(tasyāhaṁ sulabhaḥ).* Wenn man vierundzwanzig Stunden am Tag für Kṛṣṇa tätig ist, kann Kṛṣṇa einen nicht vergessen. Das ist der Vorgang: Durch Demut vermag man die Aufmerksamkeit Gottes auf sich zu ziehen. Mein Guru Mahārāja, Bhaktisiddhānta Sarasvatī, pflegte zu sagen: „Versuche nicht, Gott zu sehen, sondern handle so, dass Gott dich sehen will! Ist Gott jemand, den wir einfach wie einen Diener rufen können, nur weil wir Ihn sehen wollen? Unsere Liebe und unser Dienst müssen so rein sein, dass Er sich uns verpflichtet fühlt."

Der richtige Weg, sich Kṛṣṇa zu nähern, wurde der Menschheit von Śrī Caitanya Mahāprabhu gezeigt. Sein erster Schüler war Rūpa Gosvāmī. Er hatte sein Ministeramt in der muslimischen Regierung niedergelegt, um ein Schüler Caitanya Mahāprabhus zu werden. Als Rūpa Gosvāmī den Herrn zum ersten Mal aufsuchte, pries er Ihn mit folgendem Vers:

namo mahā-vadānyāya
kṛṣṇa-prema-pradāya te
kṛṣṇāya kṛṣṇa-caitanya-
nāmne gaura-tviṣe namaḥ

„Meine achtungsvollen Ehrerbietungen erweise ich dem Höchsten Herrn, Śrī Kṛṣṇa Caitanya, der großmütiger ist als jeder andere *avatāra,* ja großmütiger sogar als Kṛṣṇa selbst, denn Er verteilt freigebig, was noch niemand zuvor verliehen hat: reine Liebe zu Kṛṣṇa."

Rūpa Gosvāmī nannte Caitanya Mahāprabhu „die barmherzigste und freigebigste Persönlichkeit", weil Er das Wertvollste, was es gibt – Liebe zu Gott –, jedem zu einem sehr günstigen Preis anbot. Wir alle wollen Kṛṣṇa. Kṛṣṇa ist der Allanziehende: der Schönste, der Reichste, der Mächtigste und der Weiseste. So sieht das Ziel unserer Sehnsüchte aus. Wir alle fühlen uns zu Schönheit, Macht und Weisheit hingezogen und Kṛṣṇa besitzt all diese Eigenschaften in vollkommenem Maße. Wir brauchen uns nur Kṛṣṇa zuzuwenden und wir werden alles bekommen – alles, was wir uns wünschen. Was auch immer unser Herzenswunsch ist, er kann durch Kṛṣṇa-Bewusstsein erfüllt werden.

Wie bereits beschrieben wurde, ist für jemanden, der im Kṛṣṇa-Bewusstsein stirbt, der Zutritt zu Kṛṣṇaloka, dem höchsten Reich Śrī Kṛṣṇas, garantiert. Nun könnte man sich fragen, welchen Vorteil man davon hat, wenn man diesen Planeten erreicht. Kṛṣṇa selbst beantwortet diese Frage in der *Bhagavad-gītā* [8.15]:

mām upetya punar janma
duḥkhālayam aśāśvatam

nāpnuvanti mahātmānaḥ
saṁsiddhiṁ paramāṁ gatāḥ

„Nachdem die großen Seelen, die hingegebenen Yogis, Mich erreicht haben, kehren sie nie wieder in diese zeitweilige Welt zurück, die voller Leiden ist, denn sie haben die höchste Vollkommenheit erreicht."

Die materielle Welt wird in diesem Vers von Śrī Kṛṣṇa, ihrem Schöpfer, ausdrücklich als *duḥkhālayam* bezeichnet. *Duḥkhālayam* bedeutet „voller Leiden". Wie soll es dann möglich sein, sie in einen angenehmen Ort zu verwandeln? Ist der sogenannte Fortschritt der Wissenschaft dazu imstande? Nein, bestimmt nicht. Dieser Fortschritt hat nur dazu geführt, dass wir uns heute nicht einmal mehr die Realität dieser Leiden eingestehen wollen. Diese Leiden sind Geburt, Alter, Krankheit und Tod, aber weil wir für sie keine Lösung finden, versuchen wir sie zu verdrängen. Die Wissenschaftler sind außerstande, diese immer drohenden Leiden aus der Welt zu schaffen; stattdessen bauen sie lieber Raumschiffe und Atombomben. Die *Bhagavad-gītā* jedoch hat die Lösung für diese Probleme: Wenn man in Kṛṣṇas Reich gelangt ist, muss man nicht mehr in die Welt von Geburt und Tod zurückkehren. Wir sollten einsehen, dass diese Welt voller Elend ist. Das zu verstehen erfordert ein gewisses Maß an entwickeltem Bewusstsein. Katzen, Hunde oder Schweine können nicht verstehen, dass sie leiden. Der Mensch wird manchmal als „vernunftbegabtes Tier" bezeichnet, aber leider verwendet er seine Vernunft nur für die Befriedigung seiner tierischen Neigungen, anstatt einen Weg zu suchen, sich aus dem leidvollen materiellen Dasein zu befreien. Hier versichert uns Kṛṣṇa: Wer immer im Kṛṣṇa-Bewusstsein bleibt, ohne vom Pfad abzuweichen, kommt zu Ihm – er wird nie mehr wiedergeboren und muss nie wieder leiden. Die großen Seelen, die zu Kṛṣṇa gelangen, haben die höchste Vollkommenheit des Lebens erreicht. Auf dieser Stufe ist man von allen Leiden des bedingten Daseins befreit.

Im Unterschied zu Kṛṣṇa kann sich ein gewöhnliches Wesen zu einer bestimmten Zeit nur an *einem* Ort aufhalten. Kṛṣṇa hingegen ist überall im Universum gegenwärtig und gleichzeitig weilt Er in Seinem eigenen Reich. Kṛṣṇas Reich in der spirituellen Welt wird Goloka Vṛndāvana genannt und dieses Vṛndāvana erscheint auch auf unserer Erde: als das Vṛndāvana in Indien. Wenn Kṛṣṇa durch Seine innere Energie auf der Erde erscheint, steigt auch Sein *dhāma* („Reich") mit Ihm herab. Kṛṣṇa erscheint auf unserer Erde immer an diesem Ort; aber auch Kṛṣṇas Reich in der spirituellen Welt, Vaikuṇṭha, bleibt ewig bestehen. Im zuletzt zitierten Vers verkündet Kṛṣṇa, dass jemand, der in Sein Reich in Vaikuṇṭha gelangt, nie mehr in der materiellen Welt geboren werden muss. Eine solche Person wird *mahātmā* genannt. Das Wort *mahātmā* wird im Westen meist im Zusammenhang mit Mahatma Gandhi gebraucht, aber eigentlich hat das Wort *mahātmā* nichts mit dem Titel eines Politikers zu tun. Vielmehr bezieht sich *mahātmā* auf einen erstklassigen Kṛṣṇa-bewussten Menschen, der befähigt ist, in Kṛṣṇas Reich einzugehen. Die Vollkommenheit des *mahātmā* besteht darin, dass er sein Leben als Mensch und die Mittel der Natur nur für das eine Ziel verwendet – um zurück nach Hause, zurück zu Gott, zu gehen.

Ein intelligenter Mensch erkennt, dass er leiden muss, obwohl er nicht leiden will. Wie bereits beschrieben, sind wir ständig Leiden ausgesetzt, die entweder von unserer psychischen Verfassung oder unserem Körper, den Naturgewalten oder anderen Lebewesen verursacht werden. Irgendetwas plagt uns immer. Die materielle Welt ist nicht zufällig ein Ort des Leids, denn wenn es keine Leiden gäbe, würden wir uns nicht dem Kṛṣṇa-Bewusstsein zuwenden. Leiden sind ein Ansporn, Kṛṣṇa-bewusst zu werden. Wenn ein intelligenter Mensch leidet, fragt er sich, warum ihm diese Leiden aufgezwungen werden. Die Einstellung in der heutigen Zivilisation jedoch ist: „Es macht mir nichts aus, wenn ich leide. Es gibt ja Alkohol und Drogen." Aber sobald der Rauschzustand vorbei ist, kehren die Leiden des Lebens zurück, denn künstlich kann man sie nicht beseitigen. Die wahre Lösung bietet das Kṛṣṇa-Bewusstsein.

Manche Leute könnten einwenden: „Ihr haltet es für das höchste Ziel, Kṛṣṇas Planeten zu erreichen. Wir wollen aber lieber auf den Mond fliegen. Ist das nicht die Perfektion?" Der Wunsch, zu anderen Planeten zu reisen, ist in den Lebewesen immer vorhanden, und deshalb ist auch ein Name des Lebewesens *sarva-gata:* Es will ständig überallhin reisen. Der Wunsch, auf den Mond zu fliegen, ist nichts Neues, denn auch die Yogis haben ein Interesse, die höheren Planeten zu erreichen. In der *Bhagavad-gītā* [8.16] jedoch weist Kṛṣṇa darauf hin, dass uns das nicht weiterhelfen wird:

ā-brahma-bhuvanāl lokāḥ
punar āvartino 'rjuna

mām upetya tu kaunteya
punar janma na vidyate

„Alle Planeten in der materiellen Welt – vom höchsten bis hinab zum niedrigsten – sind Orte des Leids, an denen sich Geburt und Tod wiederholen. Wer aber in Mein Reich gelangt, o Sohn Kuntīs, wird niemals wieder geboren."

Das Universum wird in höhere, mittlere und niedere Planetensysteme unterteilt. Die Erde gehört zum mittleren Planetensystem. Doch Kṛṣṇa betont, dass man selbst dann, wenn man den höchsten aller materiellen Planeten, Brahmaloka, erreicht, immer noch dem Kreislauf von Geburt und Tod unterworfen ist. Wir sollten auch nicht denken, es gäbe nur uns und alle anderen Planeten seien leer und unbewohnt – nein, die anderen Planeten des Universums sind ebenfalls voller Lebewesen. Aus Erfahrung wissen wir, dass es auch auf der Erde überall Lebewesen gibt. In der Erde leben Würmer, im Wasser fische und in der Luft Vögel. Wie kann man dann behaupten, es gäbe auf anderen Planeten keinerlei Lebewesen?

Kṛṣṇa erklärt, dass man selbst dann den Tod fürchten muss, wenn man sich zu den Planeten der Halbgötter erhebt. Nur wer Seinen Planeten erreicht, überwindet Geburt und Tod. Wir sollten also alles daran setzen, unser ewiges Leben voller Glückseligkeit und Wissen zu erlangen. Das ist wirklich zu unserem Besten, das ist unser wahres Lebensziel, aber wir haben es vergessen. Wie konnte dies geschehen? Wir haben uns vom falschen Glanz dieser Welt, von Wolkenkratzern, großen Fabriken und politischen Ränkespielen blenden und einfangen lassen, obwohl wir genau wissen, dass wir in keinem Wolkenkratzer – und sei er noch so groß – für ewige Zeit leben können. Wir sollten unsere Energie nicht für den Aufbau großer Industrieanlagen und Städte verschwenden, nur um uns immer mehr in die materielle Welt zu verstricken; vielmehr sollten wir unsere Energie dazu verwenden, Kṛṣṇa-Bewusstsein zu entwickeln, denn so erlangen wir einen spirituellen Körper, mit dem wir Kṛṣṇas Planeten erreichen können. Kṛṣṇa-Bewusstsein ist weder ein leeres religiöses Ritual noch eine esoterische Modeerscheinung: Kṛṣṇa-Bewusstsein ist das Wichtigste im Leben.

KAPITEL VIER

Die spirituelle Welt

Warum wollen die großen Yogis auf die höheren Planeten des Universums erhoben werden, wenn sie selbst dort Geburt und Tod unterworfen sind? Sicher verfügen diese Yogis über viele Kräfte, aber sie wollen doch immer noch die Annehmlichkeiten des materiellen Lebens genießen. Auf den höheren Planeten ist zum Beispiel die Lebensdauer sehr lang. Die Zeitrechnung auf diesen Planeten wird von Śrī Kṛṣṇa wie folgt angegeben:

sahasra-yuga-paryantam
ahar yad brahmaṇo viduḥ
rātriṁ yuga-sahasrāntāṁ
te 'ho-rātra-vido janāḥ

„Nach menschlicher Zeitrechnung ergeben 1000 Zeitalter zusammengenommen die Dauer eines Tages im Leben Brahmās. Und ebenso lange währt seine Nacht." [*Bhagavad-gītā* 8.17]

Ein Zeitalter *(yuga)* dauert 4 300 000 Jahre und wenn man diese Zahl mit 1 000 multipliziert, erhält man (nach irdischer Zeitrechnung) die Dauer von 12 Stunden auf dem Planeten Brahmaloka. Ebenso lange dauern die 12 Stunden der Nacht Brahmās. 30 solcher Tage ergeben einen Monat, 12 solcher Monate ein Jahr Brahmās und Brahmā lebt 100 solcher Jahre. Das Leben auf seinem Planeten währt wahrhaftig sehr lange, aber sogar die Bewohner Brahmalokas müssen nach vielen Billionen Jahren sterben. Solange wir nicht die spirituellen Planeten erreichen, gibt es kein Entrinnen vor dem Tod.

avyaktād vyaktayaḥ sarvāḥ
prabhavanty ahar-āgame
rātry-āgame pralīyante
tatraivāvyakta-saṁjñake

„Zu Beginn von Brahmās Tag werden alle Lebewesen aus dem unmanifestierten Zustand manifestiert, und wenn danach die Nacht anbricht, gehen sie wieder in das Unmanifestierte ein.“ [*Bhagavad-gītā* 8.18]

Wenn Brahmās Tag endet, werden nahezu alle Planetensysteme mit Wasser überflutet und alle Wesen darin vernichtet. Nach dieser Vernichtung bricht die Nacht Brahmās an und wenn diese Nacht vorüber ist und Brahmā sich am Morgen erhebt, findet eine neue Schöpfung statt, bei der alle Lebewesen wieder erscheinen. Schöpfung und Vernichtung, das ist das Gesetz dieser Welt.

bhūta-grāmaḥ sa evāyaṁ
bhūtvā bhūtvā pralīyate

rātry-āgame 'vaśaḥ pārtha
prabhavaty ahar-āgame

„Immer wenn Brahmās Tag anbricht, treten alle Lebewesen ins Dasein, und wenn Brahmās Nacht hereinbricht, werden sie hilflos wieder vernichtet." [*Bhagavad-gītā* 8.19]

Die Lebewesen wollen nicht sterben und doch werden sie alle vernichtet, wenn die Planeten überflutet werden. Diese Flut hält während der gesamten Nacht Brahmās an. Aber wenn der Tag anbricht, weicht das Wasser allmählich wieder zurück.

paras tasmāt tu bhāvo 'nyo
'vyakto 'vyaktāt sanātanaḥ
yaḥ sa sarveṣu bhūteṣu
naśyatsu na vinaśyati

„Jedoch gibt es noch eine andere, unmanifestierte Natur, die ewig ist und zur manifestierten und unmanifestierten Materie in transzendentaler Stellung steht. Sie ist über alles erhaben und vergeht niemals. Wenn alles in der Welt vernichtet wird, bleibt dieser Teil, wie er ist." [*Bhagavad-gītā* 8.20]

Uns ist es nicht möglich, die Größe unseres eigenen Universums zu ermessen, aber aus den vedischen Schriften erfahren wir, dass es in der gesamten Schöpfung viele Millionen solcher Universen gibt und dass es jenseits der materiellen Universen noch eine andere Welt gibt, eine spirituelle Welt. Dort ist alles ewig, sowohl die Planeten als auch ihre Bewohner.

Die materielle Welt bildet nur ein Viertel der ganzen materiellen und spirituellen Existenz, das heißt, drei Viertel der gesamten Schöpfung befinden sich jenseits des bedeckten materiellen Himmels. Die materielle Bedeckung ist Abermillionen von Meilen dick und erst nachdem man diese durchdrungen hat, kann man den offenen spirituellen Himmel erreichen. Kṛṣṇa gebraucht hier die Worte *bhavaḥ anyaḥ,* „eine andere Natur". Jenseits der materiellen Natur, die wir tagtäglich erleben, existiert also noch eine andere, eine spirituelle Natur.

Doch schon jetzt erleben wir sowohl die materielle als auch die spirituelle Natur, denn wir selbst sind eine Verbindung von beiden. Jeder von uns ist eine spirituelle Seele und nur so lange, wie wir uns im materiellen Körper aufhalten, bewegt sich dieser. Sobald wir den Körper verlassen, ist er so leblos wie ein Stein. Da wir alle sowohl Spirituelles als auch Materielles wahrnehmen können, indem wir uns selbst analysieren, sollten wir uns nicht wundern, dass es auch eine spirituelle Welt gibt. Dafür gibt es aber keinen experimentellen Beweis. Durch ein Teleskop können wir zwar Millionen und Abermillionen von Sternen sehen, aber wir können uns ihnen nicht nähern. Wir müssen erkennen, dass wir in vieler Hinsicht beschränkt sind. Wenn wir mit empirischem Wissen nicht einmal das materielle Universum verstehen können, wie sollen wir dann Gott und Sein Reich verstehen? Empirische Forschung ist hier machtlos. Wir müssen also dieses Wissen aus der *Bhagavad-gītā* beziehen. Wenn wir wissen wollen, wer unser Vater ist, wird uns empirische Forschung nicht weiterhelfen. Wir müssen einfach unsere Mutter fragen und ihr glauben. Ebenso müssen wir nur den Aussagen der *Bhagavad-gītā* vertrauen, dann wird uns alles Wissen über Kṛṣṇa und Sein Reich zuteil.

Wenn wir im Kṛṣṇa-Bewusstsein Fortschritt machen, werden wir dieses Wissen verinnerlichen und Gott direkt erkennen. Ich zum Beispiel bin fest von dem überzeugt, was ich sage. Ich spreche nicht aus blindem Glauben und jedem ist es möglich, Gott in gleicher Weise zu erkennen. *Svayam eva sphuraty adaḥ:* Direktes Wissen über Gott wird jedem offenbart, der am Kṛṣṇa-Bewusstsein festhält. Solch ein Mensch wird tatsächlich erkennen: „Ja, es gibt ein spirituelles Reich, in dem Gott residiert. Dorthin muss ich gehen und ich muss mich darauf vorbereiten." Man mag so viel über ein fremdes Land hören, bevor man dort war; doch wenn man es selbst bereist, bekommt man ein direktes Verständnis von den Dingen. So wird auch jemand, der sich dem Kṛṣṇa-Bewusstsein widmet, eines Tages Gott und Sein Reich unmittelbar erfahren. Damit werden alle Probleme seines Lebens gelöst sein.

Paras tu bhāvaḥ bedeutet „höhere Natur" und *vyaktaḥ* bedeutet „manifestiert, wahrnehmbar". Das materielle Universum ist für uns in Form der Erde, der Sonne, der Sterne und der Planeten sichtbar in Erscheinung getreten und jenseits dieses Universums gibt es eine andere, eine ewige Natur *(avyaktāt sanātanaḥ)*. Die materielle Natur hat einen Anfang und ein Ende, aber die spirituelle Natur ist *sanātanaḥ,* ewig. Sie hat weder Anfang noch Ende. Wie ist das zu verstehen? Ein einfaches Beispiel wird es uns verdeutlichen: Wenn eine Wolke über den Himmel zieht, mag es für uns wohl so aussehen, als ob die Wolke eine große Fläche bedecke, aber eigentlich ist sie nur ein kleiner Fleck am weiten Himmel. Nur weil wir so klein sind, denken wir, der ganze Himmel sei bewölkt, während es in Wirklichkeit nur ein paar hundert Quadratkilometer sind. In gleicher Weise lässt sich die materielle Gesamtmasse, das *mahat-tattva,* mit einer kleinen Wolke am riesigen spirituellen Himmel vergleichen. Unser Universum ist in dieses *mahat-tattva* eingeschlossen. So wie die Wolke einen Anfang und ein Ende hat, hat auch die materielle Natur einen Anfang und ein Ende. Wenn die Wolke sich auflöst und der Himmel sich klärt, können wir alles so sehen, wie es ist. Unser Körper gleicht einer Wolke, die vor der spirituellen Seele vorbeizieht. Er existiert lediglich für eine gewisse Zeit. Er wird geboren, er wächst heran, er besteht für eine bestimmte Zeit, er schafft Nachkommen, er altert und schließlich muss er vergehen. Dies sind die sechs Stufen der Wandlung, die alles Materielle durchläuft. So wie der Körper wird am Ende die gesamte materielle Welt vernichtet werden.

Doch Kṛṣṇa versichert uns: *paras tasmāt tu bhāvo 'nyo 'vyakto 'vyaktāt sanātanaḥ.* „Jenseits dieser zerstörbaren, wolkenähnlichen materiellen Natur befindet sich eine andere, höhere Natur, die ewig besteht. Sie ist ohne Anfang und ohne Ende." Er sagt weiter: *yaḥ sa sarveṣu bhūteṣu naśyatsu na vinaśyati.* „Zu dem Zeitpunkt, an dem die gesamte materielle Welt zerstört wird, bleibt diese höhere Natur erhalten." Wenn sich eine Wolke am Himmel auflöst, bleibt der Himmel weiter bestehen. In gleicher Weise bleibt auch der spirituelle Himmel weiter bestehen, wenn die wolkenähnliche materielle Welt vernichtet wird.

Die vedischen Schriften enthalten zahlreiche Werke, die von der materiellen und der spirituellen Welt Zeugnis geben. Im 2. Canto des *Śrīmad-Bhāgavatam* finden wir eine genaue Darstellung der spirituellen Welt: welche Eigenschaften sie hat, welche Lebewesen dort wohnen, wie diese aussehen und vieles mehr. Wir erhalten sogar die Information, dass es in der spirituellen Welt spirituelle Flugzeuge gibt. Alle Lebewesen dort sind befreite Seelen und wenn sie in ihren Flugzeugen umherfliegen, verbreiten sie einen herrlichen Glanz, so strahlend wie Blitze.

Alles in der spirituellen Welt ist wirklich und ursprünglich. Die materielle Welt ist lediglich eine Imitation. Was immer wir in der materiellen Welt finden, ist nichts als eine Imitation, ein Schatten; es gleicht einem Bild auf der Leinwand, das nur der Schatten der Wirklichkeit ist.

Im *Śrīmad-Bhāgavatam* [1.1.1] heißt es: *yatra tri-sargo 'mṛṣā* – „Die materielle Welt ist eine Illusion." Wir alle kennen Schaufensterpuppen, die als Nachbildung schöner Frauen im Kaufhaus stehen. Jeder normale Mensch weiß, dass es sich um Imitationen handelt. All die sogenannten schönen Dinge in der materiellen Welt sind wie die attraktiven „Frauen" im Schaufenster eines Kaufhauses. In der Tat ist alles Schöne, was wir in der materiellen Welt sehen, lediglich eine Imitation der wirklichen Schönheit in der spirituellen Welt. Śrīdhara Svāmī sagt hierzu: *yat satyatayā mithyā sargo 'pi satyavat pratīyate.* „Die spirituelle Welt ist wirklich und die materielle Welt, die nur ein Abbild der spirituellen Welt ist, ist nur dem Anschein nach wirklich." Etwas ist nur dann wirklich, wenn es ewig existiert. Wirklichkeit kann nicht vernichtet werden. Auch wirkliche Freude muss demnach ewig sein. Da materielle Freude aber vergänglich ist, ist sie nicht wirklich, und diejenigen, die nach echter Freude streben, nehmen nicht an den schattenhaften Freuden dieser Welt teil. Sie streben nach der wirklichen, ewigen Freude des Kṛṣṇa-Bewusstseins.

Kṛṣṇa erklärt in der *Bhagavad-gītā* [8.20]: *yaḥ sa sarv-eṣu bhūteṣu naśyatsu na vinaśyati* – „Während alles in der materiellen Welt letztlich vernichtet wird, bleibt die spirituelle Natur ewig bestehen." Das Ziel des menschlichen Lebens ist es, diese spirituelle Welt zu erreichen, aber die Menschen wissen nichts von der Existenz der spirituellen Welt. Im *Bhāgavatam* [7.5.31] heißt es: *na te viduḥ svārtha-gatiṁ hi viṣṇum* – „Die Menschen wissen nicht, was für sie wirklich am besten ist. Sie sind sich nicht bewusst, dass das menschliche Leben dazu bestimmt ist, die spirituelle Wirklichkeit zu erkennen und sich auf den Eintritt in diese Wirklichkeit vorzubereiten, und nicht dazu, unseren Aufenthalt in der materiellen Welt zu verlängern." Das lehren uns alle vedischen Schriften. *Tamasi mā jyotir gamaḥ.* „Bleibe nicht im Dunkeln, gehe zum Licht!" Die materielle Welt ist voller Dunkelheit. Zwar mögen wir sie künstlich mit elektrischem Licht, Feuer und anderen Hilfsmitteln erleuchten, doch ist sie von Natur aus dunkel. Die spirituelle Welt dagegen ist voller Licht. Genauso wenig wie es auf der Sonne Dunkelheit geben kann, kann es in der spirituellen Welt Dunkelheit geben, denn jeder Himmelskörper leuchtet dort aus sich selbst heraus.

nāsato vidyate bhāvo
nābhāvo vidyate sataḥ
ubhayor api dṛṣṭo 'ntas
tv anayos tattva-darśibhiḥ

„Mein höchstes Reich wird weder von der Sonne noch vom Mond, noch von Feuer oder Elektrizität erleuchtet. Diejenigen, die es erreichen, kehren nie wieder in die materielle Welt zurück.“ [*Bhagavad-gītā* 15.6]

Die spirituelle Welt wird „transzendental“ genannt, weil sie nicht von den materiellen Sinnesorganen und unserer materiellen Wissenschaft wahrgenommen werden kann.

na tad bhāsayate sūryo
na śaśāṅko na pāvakaḥ
yad gatvā na nivartante
tad dhāma paramaṁ mama

„Das, was die Vedāntisten als unmanifestiert und unfehlbar beschreiben und was als der höchste Bestimmungsort bezeichnet wird, der Ort, von dem man, wenn man ihn erreicht, nie wieder zurückkehrt – dies ist Mein höchstes Reich.“ [*Bhagavad-gītā* 8.21]

Mit den Errungenschaften der materiellen Wissenschaft können wir nicht einmal andere Planeten in unserem Universum erreichen, geschweige denn die spirituellen Planeten. Wenn wir wirklich ins All vorstoßen wollen, dann sollten wir die Hüllen des materiellen Universums durchdringen, um den spirituellen Himmel zu erreichen. Diese Reise führt uns zum höchsten Ziel *(paramāṁ gatim)*. Sich ein paar tausend Kilometer von unserem Planeten zu entfernen und dann wieder zurückzukommen, das ist keine Heldentat. Wir müssen das gesamte materielle Universum hinter uns lassen – dies können wir nicht mit Raumschiffen tun, wohl aber mit Kṛṣṇa-Bewusstsein. Wer ins Kṛṣṇa-Bewusstsein vertieft ist und im Moment des Todes an Kṛṣṇa denkt, erreicht augenblicklich das höchste Ziel. Wenn wir also tatsächlich in den spirituellen Himmel gelangen wollen, um ewig voller Glückseligkeit und Wissen zu leben, müssen wir bereits jetzt damit beginnen, die falsche Identifikation mit dem materiellen Körper aufzugeben. Kṛṣṇas Körper ist *sac-cid-ānanda (īśvaraḥ paramaḥ kṛṣṇaḥ sac-cid-ānanda-vigrahaḥ)* und auch wir haben einen Körper, der ewig, voller Wissen und Glückseligkeit ist, aber er ist sehr klein und wird von unserem Kleid aus Materie bedeckt. Wenn es uns irgendwie gelingt, dieses falsche Kleid abzustreifen, erlangen wir Zutritt in das spirituelle Reich. Wenn wir einmal diese spirituelle Welt erreicht haben, brauchen wir nie mehr zurückzukehren *(yaṁ prāpya na nivartante).*

Jeder sollte deshalb versuchen, in dieses höchste Reich Śrī Kṛṣṇas *(dhāma paramam)* zu gelangen. Kṛṣṇa ruft uns persönlich, Er gibt uns die offenbarten Schriften als Führung und Er sendet Seine echten Stellvertreter. Diese Gelegenheit des menschlichen Lebens dürfen wir uns nicht entgehen lassen. Wer in Kṛṣṇas höchstes Reich kommt, braucht sich nicht mehr in Askese und Meditation zu üben, und wer dieses höchste Ziel verfehlt, für den sind alle Formen von Askese, Yoga und philosophischer Spekulation bloße Zeitverschwendung. Die menschliche Lebensform ist ein großer Segen und es ist die Pflicht des Staates, der Eltern, der Lehrer und Erzieher, den Menschen den Weg zur Vollkommenheit des Lebens zu zeigen. Einfach nur essen, schlafen, sich fortpflanzen und sich wie die Katzen und Hunde streiten, das hat nichts mit Zivilisation zu tun. Wir sollten die menschliche Lebensform richtig verwenden: Wir sollten aus dem spirituellen Wissen den besten Nutzen ziehen und uns im Kṛṣṇa-Bewusstsein schulen – dann werden wir vierundzwanzig Stunden am Tag an Kṛṣṇa denken können und im Augenblick des Todes sofort in die spirituelle Welt gelangen.

avyakto 'kṣara ity uktas
tam āhuḥ paramāṁ gatim
yaṁ prāpya na nivartante
tad dhāma paramaṁ mama

„Der Herr, die Höchste Persönlichkeit Gottes, der größer ist als alle, kann durch ungetrübte Hingabe erreicht werden. Obwohl Er sich in Seinem Reich aufhält, ist Er alldurchdringend und alles ruht in Ihm." [*Bhagavad-gītā* 8.22]

Wenn uns tatsächlich daran gelegen ist, in dieses höchste Reich Kṛṣṇas zu gelangen, müssen wir *bhakti-yoga* praktizieren. Das Wort *bhakti* bedeutet „hingebungsvoller Dienst" oder „Ergebenheit gegenüber dem Höchsten Herrn". Kṛṣṇa sagt eindeutig: *puruṣaḥ sa paraḥ pārtha bhaktyā labhyas tv ananyayā*. Die Worte *tv ananyayā* bedeuten hier „ohne irgendeine andere Betätigung". Um also in das spirituelle Reich des Herrn zu kommen, müssen wir ausschließlich im hingebungsvollen Dienst für Kṛṣṇa tätig sein.

Eine Definition für *bhakti* wird in dem maßgeblichen Buch *Nārada Pañcarātra* gegeben:

puruṣaḥ sa paraḥ pārtha
bhaktyā labhyas tv ananyayā
yasyāntaḥ-sthāni bhūtāni
yena sarvam idaṁ tatam

„*Bhakti,* hingebungsvoller Dienst, bedeutet, dass wir all unsere Sinne im Dienst des Herrn, der Höchsten Persönlichkeit Gottes, des Meisters aller Sinne, einsetzen. Der Dienst der spirituellen Seele für den Höchsten bewirkt zweierlei: Zum einen wird man von allen falschen materiellen Identifikationen befreit und zum anderen werden die Sinne einfach durch die Betätigung im Dienst des Herrn gereinigt."

Gegenwärtig schleppen wir viele körperliche Identifikationen mit uns herum. „Inder", „Amerikaner", „Afrikaner", „Europäer" – das sind alles körperliche Identifikationen. Unser Körper ist nicht unser eigentliches Selbst und dennoch identifizieren wir uns mit diesen falschen körperlichen Vorstellungen. Wer zum Beispiel einen akademischen Grad hat, identifiziert sich oft mit seinem Doktor- oder Professortitel, obwohl er selbst nicht dieser Titel ist. *Bhakti* bedeutet nun, dass man sich von diesen falschen Identifikationen befreit *(sarvopādhi-vinirmuktam). Upādhi* bedeutet „Identifikation". Wenn jemand geadelt wird, freut er sich: „Jetzt muss man mich mit ‚Eure Gnaden' anreden." Er vergisst ganz, dass dieser Titel lediglich eine falsche Identifikation ist, die nur so lange existiert, wie er seinen Körper hat. Doch dem Körper ist der Tod gewiss und mit ihm vergeht auch diese Identifikation. In diesem Leben ist jemand zum Beispiel ein Amerikaner, im nächsten Leben kann er aber schon den Körper eines Chinesen haben. Da wir ständig andere körperliche Identifikationen annehmen, sollten wir besser damit aufhören, diese für unser eigentliches Selbst zu halten. Sobald jemand entschlossen ist, sich von all diesen unsinnigen Identifikationen zu befreien, ist er in der Lage, *bhakti* zu erlangen.

Im obengenannten Vers des *Nārada Pañcarātra* bedeutet das Wort *nirmalam* „vollständig rein". Worin besteht diese Reinheit? Man sollte der festen Überzeugung sein: „Ich bin spirituelle Seele *(ahaṁ brahmāsmi);* ich bin nicht der materielle Körper, der nur eine Hülle meiner selbst darstellt. Ich bin ein ewiger Diener Kṛṣṇas – das ist meine wahre Identität." Wer von allen falschen Identifikationen befreit und in seinem eigentlichen Wesen gefestigt ist, steht mit all seinen Sinnen ohne Unterlass im Dienste Kṛṣṇas *(hṛṣīkena hṛṣīkeśa-sevanaṁ bhaktir ucyate).* Das Wort *hṛṣīka* bedeutet „die Sinne". Gegenwärtig identifizieren sich unsere Sinne mit materiellen Dingen; wenn sie jedoch von dieser falschen Identifikation befreit sind und wir in dieser Freiheit und Reinheit Kṛṣṇa dienen, ist das hingebungsvoller Dienst.

Śrīla Rūpa Gosvāmī erklärt das Wesen reinen hingebungsvollen Dienstes im folgenden Vers des *Bhakti-rasāmṛta-sindhu* [1.1.11]:

premāñjana-cchurita-bhakti-vilocanena
santaḥ sadaiva hṛdayeṣu vilokayanti

„Man sollte dem Höchsten Herrn, Śrī Kṛṣṇa, transzendentalen liebevollen Dienst in einer positiven, hingebungsvollen Haltung darbringen, frei von dem Wunsch, durch karmische Tätigkeiten oder philosophische Spekulation materiellen Gewinn zu erlangen. Dies wird reiner hingebungsvoller Dienst genannt."

Wir müssen Kṛṣṇa also in einer positiven, bejahenden Haltung dienen, nicht in einer feindseligen Haltung. Auch sollten wir keinerlei materielle Wünsche hegen *(anyābhilāṣitā-śūnyam).* Gewöhnlich dienen die Menschen Gott aus irgendwelchen materiellen Gründen.

Dagegen ist natürlich nichts einzuwenden. Wer sich mit materiellen Motiven an Gott wendet, ist weit besser als jemand, der sich gar nicht an Gott wendet. Das wird auch in der *Bhagavad-gītā* [7.16] bestätigt:

ayi nanda-tanūja kiṅkaraṁ
patitaṁ māṁ viṣame bhavāmbudhau
kṛpayā tava pāda-paṅkaja-
sthita-dhūlī-sadṛśaṁ vicintaya

„O Bester unter den Bhāratas [Arjuna], vier Arten frommer Menschen beginnen, Mir in Hingabe zu dienen: der Notleidende, derjenige, der Reichtum begehrt, der Neugierige und derjenige, der nach der Absoluten Wahrheit sucht."

Aber am besten ist es, wenn wir uns nicht mit dem Wunsch nach materiellem Gewinn an Gott wenden. Von dieser Verunreinigung sollten wir frei sein *(anyābhilāṣitā-śūnyam).*

Die nächsten Worte, die Rūpa Gosvāmī gebraucht, um reine *bhakti* zu beschreiben, sind: *jñāna-karmādy anāvṛtam.* Das Wort *jñāna* bezieht sich auf die Bemühung, Kṛṣṇa durch spekulative Überlegungen zu verstehen. Selbstverständlich sollten wir versuchen, Kṛṣṇa zu verstehen, doch sollten wir uns immer daran erinnern, dass Er unbegrenzt ist und wir Ihn niemals vollständig verstehen können. Das ist für uns nicht möglich. Deshalb müssen wir akzeptieren, was in den offenbarten Schriften geschrieben steht. Wir sollten versuchen, Kṛṣṇa einfach durch die Aussagen der vedischen Schriften wie der *Bhagavad-gītā* und des *Śrīmad-Bhāgavatam* zu verstehen. Das Wort Karma bedeutet „Arbeit mit einem materiellen Ergebnis“. Wenn wir reinen hingebungsvollen Dienst darbringen möchten, sollten wir selbstlos handeln und nicht irgendeinen Profit aus dem Kṛṣṇa-Bewusstsein ziehen wollen.

Als Nächstes erklärt Śrīla Rūpa Gosvāmī, dass reiner hingebungsvoller Dienst Kṛṣṇa in einer bejahenden Haltung *(ānukūlyena)* dargebracht werden sollte. Wir sollten herausfinden, was Kṛṣṇa erfreut, und dann sollten wir in diesem Sinne handeln. Wie aber können wir wissen, was Kṛṣṇa erfreut? Durch die Worte der *Bhagavad-gītā* und durch die richtigen Erläuterungen von der richtigen Person. So werden wir erfahren, was Kṛṣṇa möchte, und können danach handeln. Zu diesem Zeitpunkt werden wir auf die Ebene erstklassigen hingebungsvollen Dienstes erhoben.

Bhakti-yoga ist eine große Wissenschaft und es gibt einen unermesslichen Schatz an Literatur, die uns hilft, sie zu verstehen. Wir sollten unser Leben dieser Wissenschaft widmen und uns so darauf vorbereiten, bei unserem Tod das größte Geschenk zu empfangen – nämlich die spirituellen Planeten zu erreichen, auf denen die Höchste Persönlichkeit Gottes residiert.

Wie wir aus der vedischen Literatur erfahren, befindet sich auf jedem Planeten im spirituellen Himmel eine Erweiterung Kṛṣṇas. All diese Erweiterungen sind *puruṣas,* Personen; Sie sind nicht unpersönlich. In der *Bhagavad-gītā* [8.22] erklärt Kṛṣṇa: *puruṣaḥ sa paraḥ pārtha bhaktyā labhyas tv ananyayā.* „Man kann sich der Höchsten Person nur durch hingebungsvollen Dienst nähern“ – nicht durch eine herausfordernde Haltung, nicht durch philosophische Spekulation und nicht durch körperliche Yogaübungen, sondern nur durch Ergebenheit und hingebungsvolles Dienen. Nur durch solch reinen, unverfälschten hingebungsvollen Dienst sind wir in der Lage, die Höchste Person in der spirituellen Welt zu erreichen.

Die großartigen Eigenschaften dieser Höchsten Person werden in der *Bhagavad-gītā* [8.22] beschrieben: *yasyāntaḥ-sthāni bhūtāni yena sarvam idaṁ tatam* – „Der Höchste Herr weilt in Seinem eigenen Reich, aber gleichzeitig ist Er überall gegenwärtig, und alles ruht in Ihm." Wie ist dies möglich? Die Sonne befindet sich nur an einem Ort, doch die Sonnenstrahlen verbreiten sich über das gesamte Universum. In gleicher Weise verbreiten sich die Energien Gottes überallhin, während sich Gott selbst in Seinem eigenen Reich in der spirituellen Welt aufhält. Er ist von Seiner Energie nicht verschieden, genau wie die Sonne und der Sonnenschein nicht voneinander verschieden sind, weil sie aus der gleichen strahlenden Substanz bestehen. Überall im Stromnetz ist Strom vorhanden und wir können eine Lampe zum Leuchten bringen, indem wir sie einfach an den Stromkreis anschließen. Genauso ist auch Kṛṣṇa in Form Seiner Energien überall gegenwärtig und wenn wir im hingebungsvollen Dienst fortgeschritten sind, können wir Ihn überall wahrnehmen.

In seiner *Brahma-saṁhitā* beschreibt Brahmā, welche Qualifikation wir benötigen, um Gott überall sehen zu können: *premāñjana-cchurita-bhakti-vilocanena santaḥ sadaiva hṛdayeṣu vilokayanti.* „Diejenigen, deren Augen mit dem Balsam der Liebe zu Gott gesalbt sind, können Gott immer vor sich sehen, vierundzwanzig Stunden am Tag." Das Wort *sadaiva* bedeutet „ständig, rund um die Uhr". Jemand, der Gott tatsächlich erfahren hat, wird nicht sagen: „Gestern Abend habe ich Gott gesehen, doch jetzt ist Er wieder verschwunden." Nein, Er ist *immer* sichtbar, denn Er ist überall.

Die Schlussfolgerung lautet also: Wir können Kṛṣṇa überall sehen, doch wir müssen die richtigen Augen dafür entwickeln, indem wir Kṛṣṇa-Bewusstsein praktizieren. Sobald wir Kṛṣṇa erblicken und zu Ihm in Sein spirituelles Reich gelangen, ist unser Leben ein Erfolg. Wir sind am Ziel unserer Wünsche und werden ewig glücklich sein.

Weil unsere spirituelle Sicht gegenwärtig von den materiellen Sinnen bedeckt ist, können wir die spirituelle Welt und spirituelle Wahrheiten nicht erkennen. Diese Bedeckung der Unwissenheit kann jedoch durch das Chanten von Hare Kṛṣṇa beseitigt werden. Wie ist das möglich? Ein Schlafender kann durch Klang geweckt werden, denn sein Gehörsinn ist immer noch aktiv, obwohl er die Umgebung nicht mehr bewusst wahrnimmt. In ähnlicher Weise kann die spirituelle Seele, die gegenwärtig vom Schlaf der materiellen Illusion übermannt ist, einfach durch die transzendentale Klangschwingung von Hare Kṛṣṇa, Hare Kṛṣṇa, Kṛṣṇa Kṛṣṇa, Hare Hare/Hare Rāma, Hare Rāma, Rāma Rāma, Hare Hare wieder zu ihrem normalen spirituellen Bewusstsein erweckt werden. „Hare Kṛṣṇa" ist eine Anrufung des Höchsten Herrn und Seiner Energie. *Hare* bezieht sich auf die Energie Kṛṣṇas und *Kṛṣṇa* ist der Name des Höchsten Herrn selbst. Wenn wir Hare Kṛṣṇa chanten, beten wir also: „O Energie des Herrn, o Herr, bitte nehmt Euch meiner an!" Wir wenden uns mit keinem anderen Gebet an den Herrn. Śrī Caitanya Mahāprabhu lehrte uns, dass wir einfach mit aller Innigkeit den Herrn anrufen sollten: „Bitte nimm Dich meiner an!“ Er selbst betete:

brahma-bhūtaḥ prasannātmā
na śocati na kāṅkṣati
samaḥ sarveṣu bhūteṣu
mad-bhaktiṁ labhate parām

„O Kṛṣṇa, geliebter Sohn Mahārāja Nandas, Ich bin Dein ewiger Diener, aber irgendwie bin Ich in den Ozean von Geburt und Tod gefallen. Bitte errette Mich aus diesem Ozean des Todes und gewähre Mir einen Platz als eines der Staubkörnchen an Deinen Lotosfüßen!“ [*Śikṣāṣṭakam* 5]

Für einen Menschen, der mitten in den Ozean gefallen ist, gibt es keine andere Hoffnung, als dass jemand anders ihn herauszieht. Auch wenn er nur ein paar Zentimeter aus dem Wasser gezogen wird, fühlt er sofort große Erleichterung. Sobald wir im Kṛṣṇa-Bewusstsein nur etwas gefestigt sind, werden wir sofort seine befreiende Wirkung spüren.

Mit unseren materiellen Sinnen können wir das transzendentale Wesen des Höchsten Herrn, Seines Namens, Seines Ruhmes und Seiner Taten nicht erfahren; wenn wir aber unser Kṛṣṇa-Bewusstsein entwickeln, wird sich der Herr uns nach und nach offenbaren. Allein durch unsere eigene Bemühung sind wir nicht imstande, Gott zu sehen, sondern nur, wenn Er sich uns offenbart – und dafür müssen wir uns qualifizieren. Wir können Gott nicht einfach befehlen: „Komm und tanz vor mir!“ – nein, wir müssen so handeln, dass Kṛṣṇa erfreut ist und sich gerne offenbart.

In der *Bhagavad-gītā* spricht Kṛṣṇa persönlich zu uns

His Divine Grace A. C. Bhaktivedanta Swami Prabhupāda
Gründer-*Ācārya* der Internationalen Gesellschaft für Krishna-Bewusstsein

„Gleich einem Boot auf dem Wasser, das von einem Sturm weggerissen wird, kann schon einer der ungezügelten Sinne, auf den sich der Geist richtet, die Intelligenz des Menschen forttragen.“ In diesem Gemälde stehen die Pferde für die fünf Sinne. Die Zügel symbolisieren den Geist, der Lenker steht für die Intelligenz und der Reisende für die spirituelle Seele. (S. 6)

Um die reine spirituelle Ebene zu erreichen, müssen wir uns dem Vorgang des Kṛṣṇa-Bewusstseins zuwenden. Das wird uns durch das Geschenk Caitanya Mahāprabhus sehr einfach gemacht; wir brauchen nur Kṛṣṇas Namen zu chanten: Hare Kṛṣṇa, Hare Kṛṣṇa, Kṛṣṇa Kṛṣṇa, Hare Hare / Hare Rāma, Hare Rāma, Rāma Rāma, Hare Hare. (S. 13 f.)

Wenn der Yogi wissen will, wie es auf dem Mond aussieht, kann er sich dorthin begeben. Wenn er an höheren Planeten interessiert ist, kann er dahin gelangen, so wie Reisende alle möglichen Orte der Erde besuchen können. (S. 22)

„Kṛṣṇa ist der Allanziehende: der Schönste, der Reichste, der Mächtigste und der Weiseste. So sieht das Ziel unserer Sehnsüchte aus.“ (S. 34)

Ein Tag Brahmās entspricht 4,32 Milliarden Erdenjahren, und seine Nacht ist ebenso lang. Am Ende eines jeden Tages von Brahmā werden die niederen Planetensysteme mit Wasser bedeckt und alle Lebewesen darin vernichtet. Nach Brahmās Nacht, also nach 4,32 Milliarden Jahren der Ruhe, beginnt eine neue Schöpfung. Alles in der materiellen Welt, einschließlich der materiellen Welt selbst, unterliegt Schöpfung und Vernichtung. Während die Welten zerstört werden, ruht Viṣṇu im *yoga-nidrā*-Schlaf auf den Fluten der Vernichtung. (S. 42)

Das materielle Universum ist wie eine kleine, unbedeutende Wolke im weiten spirituellen Himmel. Genau wie eine Wolke Entstehung und Vernichtung unterliegt, kennt auch die materielle Welt Entstehung und Vernichtung. Hier sehen wir Kṛṣṇas Erweiterung Mahā-Viṣṇu, der im *yoga-nidrā*-Schlaf liegt und aus dessen Poren unzählige Universen hervorgehen. Durch die materielle Wolke scheint das Licht der spirituellen Welt, in der Kṛṣṇa lebt und sich in Seinen transzendentalen Spielen vergnügt. (S. 46)

Im Kṛṣṇa-Bewusstsein findet man wahre Freude in Gemeinschaft mit Kṛṣṇa. Das Leben mit Kṛṣṇa, der selbst voller Freude ist, stellt die höchste Ekstase dar. Dieses Bild zeigt die Beschreibung von Kṛṣṇas Welt aus einem vedischen Gebet: In dieser unendlich schönen Welt hütet der ururerste Herr Kühe und spielt mit Seinen Freunden. Diejenigen, deren Geist von Gedanken an Gott erfüllt sind, können Geburt und Tod hinter sich lassen und die spirituelle Welt erreichen, wo sie ein ewiges, glückseliges Leben mit Kṛṣṇa führen können. (S. 56)

und wir haben keinen Grund, an Seinen Worten zu zweifeln. Wir sollten sie einfach in uns aufnehmen und versuchen, sie zu verstehen. Um die *Bhagavad-gītā* zu verstehen, muss man keine besonderen materiellen Voraussetzungen mitbringen, denn sie ist spirituell. Indem wir dem einfachen Vorgang des Chantens von Kṛṣṇas Namen folgen, wird uns immer mehr enthüllt werden, wer wir sind und wer Gott ist, was die materielle und was die spirituelle Welt ist, warum wir in das bedingte Leben gefallen sind und wie wir uns davon wieder befreien können. Glaube ist etwas ganz Natürliches für uns: Jeden Tag setzen wir unseren Glauben in etwas, wobei wir darauf vertrauen, dass es sich später als richtig herausstellt. Zum Beispiel kaufen wir ein Flugticket nach Indien, weil wir überzeugt sind, dass wir dort hingebracht werden. Warum sonst würden wir für ein Ticket Geld ausgeben? Wir geben das Geld nicht einfach irgendjemandem, sondern nur einem Reisebüro oder einer Fluggesellschaft. Es handelt sich um anerkannte Organisationen und deshalb können wir ihnen unser Vertrauen schenken. Ohne Glauben könnten wir auch in ganz alltäglichen Angelegenheiten nicht einen einzigen Schritt tun. Niemand kann ohne Glauben leben, aber der Glaube darf nicht blind sein, sondern muss eine echte, autorisierte Grundlage haben. Die *Bhagavad-gītā* wird in Indien von den Menschen aller Schichten als heilige Schrift anerkannt und geschätzt und auch außerhalb Indiens sehen viele Gelehrte, Theologen und Philosophen die *Bhagavad-gītā* als bedeutendes, maßgebliches Werk an. Die Autorität der *Bhagavad-gītā* kann also nicht in Frage gestellt werden. Selbst ein so bekannter Wissenschaftler wie Professor Albert Einstein las regelmäßig darin.

Der *Bhagavad-gītā* ist zu entnehmen, dass es eine spirituelle Welt gibt und dass sie das Reich Gottes ist. Wenn wir in ein Land kämen, wo man uns sagt: „Hier gibt es keinen Tod, keine Leiden, kein Alter und keine Krankheit", wären wir dann nicht glücklich? Wenn wir von einem solchen Ort hörten, würden wir bestimmt alles Menschenmögliche unternehmen, um dorthin zu gelangen. Denn niemand will alt werden und niemand will sterben. In der Tat, es wäre unser größter Herzenswunsch, an einem Ort zu leben, wo wir diese Leiden nicht mehr ertragen müssten. Warum sehnen wir uns danach? Weil wir ein natürliches Anrecht, einen Anspruch darauf haben. Wir *sind* ewig, wir *sind* glückselig und wir *sind* voller Wissen, aber weil wir in die materielle Welt gefallen sind und von der Materie bedeckt wurden, haben wir es vergessen. Die *Bhagavad-gītā* lehrt uns nun, wie wir unser ursprüngliches, ewiges Leben wiedererlangen können.

Die Anhänger Śaṅkaras und die Buddhisten behaupten, die spirituelle Sphäre sei unpersönlich oder leer; die *Bhagavad-gītā* jedoch vertritt keine solch enttäuschende Schlussfolgerung. Die Philosophie der Leere hat nur zum Atheismus geführt. Wir sind spirituelle Wesen und wir suchen Genuss, aber sobald wir denken, wir hätten keine Zukunft, wollen wir das materielle Leben genießen. Die Unpersönlichkeitsanhänger philosophieren über die Leere, während sie gleichzeitig versuchen, das materielle Leben in vollen Zügen zu genießen. Diese Lehnstuhlphilosophen können sich so vielleicht an ihren Spekulationen ergötzen, aber der spirituelle Nutzen ist gleich null.

„Wer auf diese Weise in der Transzendenz verankert

ist, erkennt sogleich das Höchste Brahman und wird von Freude erfüllt. Er klagt niemals, noch begehrt er irgendetwas. Er ist jedem Lebewesen gleich gesinnt. In diesem Zustand erreicht er reinen hingebungsvollen Dienst für Mich.“ [*Bhagavad-gītā* 18.54]

Wer im hingebungsvollen Leben fortgeschritten ist und am Dienst für Kṛṣṇa einen Wohlgeschmack erfährt, verliert automatisch das Interesse an materiellem Genuss. Ein solcher Mensch findet all sein Glück bei Kṛṣṇa.

KAPITEL FÜNF

Gemeinschaft mit Kṛṣṇa

Wenn man etwas Besseres und Höheres bekommt, gibt man ganz natürlich alles Schlechtere und Niedrigere auf. Jeder sucht nach Freude, aber die Menschen sind so sehr vom Atheismus und dem unpersönlichen Monismus beeinflusst, dass sie die Wahrheit aus den Augen verloren haben und süchtig nach materiellem Genuss geworden sind. Wenn wir aber dem Pfad der Hingabe folgen, erfahren wir wahre Freude im Dienst der Höchsten Person *(puruṣaḥ sa paraḥ)* und lösen uns von materiellem Genuss. Gott ist eine Person, so wie auch wir Personen sind. Wenn wir in Seine Gemeinschaft gelangen, können wir Ihn von Angesicht zu Angesicht sehen. In der spirituellen Welt können wir persönlich mit Ihm sprechen, mit Ihm spielen und mit Ihm zusammen essen. Wie lässt sich diese Stufe erreichen? Durch *bhakti,* transzendentalen liebevollen Dienst. Dieser Dienst darf nicht mit irgendwelchen Hintergedanken ausgeführt werden. Wir müssen Gott lieben, ohne eine materielle Belohnung dafür zu erwarten. Gott zu lieben, um mit Ihm eins zu werden, ist ebenfalls ein unreines Motiv.

In der spirituellen Welt gibt es kein Gerangel um Macht. Jeder der zahllosen spirituellen Planeten wird von einer vollständigen Erweiterung Śrī Kṛṣṇas beherrscht. Auf der Erde streiten sich immer viele Rivalen um das Amt des Präsidenten oder Premierministers, aber in der spirituellen Welt erkennt jeder die Höchste Persönlichkeit Gottes als den Herrscher an. Diejenigen, die auf Gottes Position neidisch werden und sich gegen Ihn auflehnen, werden in das materielle Universum versetzt, das einem Gefängnis gleicht. In jeder Stadt gibt es ein Gefängnis, das mit sicheren Mauern umgeben ist, damit die Häftlinge nicht ausbrechen können. Genauso ist auch die materielle Welt sicher von der spirituellen Welt abgeschirmt, sodass die bedingten Seelen ihrem Gefängnis nicht entkommen können. Die materielle Welt nimmt nur einen unbedeutenden Teil des spirituellen Himmels ein, aber sie befindet sich nicht außerhalb von ihm, ebenso wie das Gefängnis nur eine winzige Fläche der Stadt ausmacht, aber innerhalb der Stadt gelegen ist.

Alle Bewohner der Vaikuṇṭha-Planeten im spirituellen Himmel sind befreite Seelen. Aus dem *Śrīmad-Bhāgavatam* erfahren wir, dass sie genauso aussehen wie Gott. Auf einigen dieser Planeten erscheint Gott mit zwei Armen und auf anderen mit vier und auch die Bewohner dieser Planeten haben dementsprechend zwei oder vier Arme, ja es wird sogar beschrieben, dass man zwischen ihnen und dem Höchsten Herrn nicht unterscheiden kann. Insgesamt gibt es fünf Arten der Befreiung. *Sāyujya-mukti* bedeutet, dass man in die unpersönliche Ausstrahlung des Höchsten Herrn, das Brahman, eingeht. *Sārūpya-mukti* bedeutet, dass man die gleichen körperlichen Merkmale wie Gott bekommt. *Sālokya-mukti* bedeutet, dass man mit Gott auf demselben Planeten lebt. *Sārṣṭi-mukti* bedeutet, dass man ähnliche Reichtümer wie der Höchste Herr genießt, und *sāmīpya-mukti* ermöglicht es einem, immer mit Gott als Sein Gefährte zusammenzusein, genau wie Arjuna, der Kṛṣṇa immer als Freund begleitet. Man kann jede dieser fünf Arten der Befreiung erreichen, aber Vaiṣṇava-Gottgeweihte haben keinerlei Interesse daran, mit dem unpersönlichen Aspekt Gottes zu verschmelzen *(sāyujya-mukti)*. Ein Vaiṣṇava will seine Individualität behalten, um Gott als Person zu verehren und Ihm zu dienen; die Unpersönlichkeitsphilosophen, die Māyāvādīs, hingegen wollen ihre Individualität aufgeben, um mit dem Höchsten eins zu werden. Diese Form des spirituellen Selbstmords wird weder von Śrī Kṛṣṇa in Seiner *Bhagavad-gītā* noch von den Vaiṣṇava-Philosophen empfohlen. Śrī Caitanya Mahāprabhu betet in Seinem *Śikṣāṣṭakam* [4]:

na dhanaṁ na janaṁ na sundarīṁ
kavitāṁ vā jagad-īśa kāmaye
mama janmani janmanīśvare
bhavatād bhaktir ahaitukī tvayi

„O allmächtiger Herr! Ich trachte weder nach Reichtum, noch ersehne Ich die Gemeinschaft schöner Frauen, noch begehre Ich Anhänger. Ich wünsche Mir nichts anderes, als Dir Leben für Leben mit selbstloser Liebe und Hingabe zu dienen."

Śrī Caitanya will „Leben für Leben" Kṛṣṇas Geweihter sein – Er wünscht sich also nicht einmal Befreiung für sich selbst. Wer Befreiung erreicht, gelangt entweder auf die spirituellen Planeten oder geht in die Existenz des Höchsten ein – in beiden Fällen wird man nicht wieder in dieser Welt geboren. Aber Caitanya Mahāprabhu kümmert sich nicht darum, ob Er befreit wird oder nicht; es geht Ihm einzig und allein darum, dem Höchsten Herrn im Kṛṣṇa-Bewusstsein zu dienen. Dem Gottgeweihten ist es einerlei, wo er geboren wird – ob unter den Tieren, Menschen oder Halbgöttern. Er betet einfach darum, Gott nie zu vergessen und immer in Seinem transzendentalen Dienst beschäftigt sein zu dürfen. Das sind die Merkmale reiner Hingabe. Natürlich befindet sich ein Gottgeweihter, wo immer er auch sein mag, in der spirituellen Welt, selbst während er noch in einem materiellen Körper lebt. Aber er verlangt von Gott nie etwas für sich selbst, wie eine hohe Stellung oder körperliche Annehmlichkeiten.

Wer Śrī Kṛṣṇa ergeben ist, kann Ihn leicht erreichen, doch Yogis, die andere Methoden des Yoga ausüben, sind vielen Gefahren ausgesetzt. Auch ihnen gibt Śrī Kṛṣṇa in der *Bhagavad-gītā* [8.23] Hinweise, wie sie in die spirituelle Welt gelangen könnnen.

yatra kāle tv anāvṛttim
āvṛttiṁ caiva yoginaḥ
prayātā yānti taṁ kālaṁ
vakṣyāmi bharatarṣabha

„O Bester der Bhāratas, Ich werde dir nun die verschiedenen Zeiten erklären, die beim Verlassen der Welt entscheiden, ob der Yogi zurückkehrt oder nicht."

In diesem Vers erklärt Kṛṣṇa, dass man befreit werden kann und nicht mehr in die materielle Welt zurückkehren muss, wenn es einem gelingt, den Körper zu einer bestimmten Zeit aufzugeben. Er weist jedoch darauf hin, dass man wieder zurückkehren muss, wenn man nicht zum richtigen Zeitpunkt stirbt. Der Zufall spielt dabei eine große Rolle. Für einen Gottgeweihten jedoch, der immer im Kṛṣṇa-Bewusstsein lebt, gibt es keinen Zufall. Ihm ist dank seiner Hingabe an den Herrn der Zutritt in das Reich Kṛṣṇas garantiert.

agnir jyotir ahaḥ śuklaḥ
ṣaṇ-māsā uttarāyaṇam
tatra prayātā gacchanti
brahma brahma-vido janāḥ

„Diejenigen, die das Höchste Brahman kennen, erreichen dieses Höchste, indem sie während der Zeit aus der Welt scheiden, in der der Feuergott seinen Einfluss ausübt, im Licht, zu einem glückverheißenden Augenblick des Tages, während der vierzehn Tage des zunehmenden Mondes oder während der sechs Monate, wenn die Sonne im Norden reist. Der Mystiker, der während des Rauches verscheidet, nachts, während der vierzehn Tage des abnehmenden Mondes oder während der sechs Monate, wenn die Sonne im Süden reist, erreicht den Mondplaneten, kehrt aber wieder zurück. Nach Ansicht der Veden gibt es zwei Wege, auf denen man diese Welt verlassen kann – einen im Licht und einen in der Dunkelheit. Wer im Licht verscheidet, kommt nicht mehr zurück. Wer jedoch in der Dunkelheit verscheidet, kehrt zurück." [*Bhagavad-gītā* 8.24–26]

Dies hängt alles vom Zufall ab. Wir wissen nicht, wann wir sterben müssen; jederzeit kann uns etwas zustoßen. Aber für den *bhakti-yogī,* der immer im Kṛṣṇa-Bewusstsein versunken ist, spielt der Zufall keine Rolle. Ihm ist der Erfolg sicher, ganz gleich, wann er stirbt.

dhūmo rātris tathā kṛṣṇaḥ
ṣaṇ-māsā dakṣiṇāyanam
tatra cāndramasaṁ jyotir
yogī prāpya nivartate

śukla-kṛṣṇe gatī hy ete
jagataḥ śāśvate mate
ekayā yāty anāvṛttim
anyayāvartate punaḥ

„Obwohl die Gottgeweihten diese beiden Wege kennen, o Arjuna, sind sie niemals verwirrt. Sei deshalb stets in Hingabe gefestigt." [*Bhagavad-gītā* 8.27]

Wer zum Zeitpunkt des Todes an Kṛṣṇa denkt, wird, wie bereits erklärt, sogleich in das Reich Kṛṣṇas erhoben.

naite sṛtī pārtha jānan
yogī muhyati kaścana
tasmāt sarveṣu kāleṣu
yoga-yukto bhavārjuna

„Und jeder, der sich am Ende seines Lebens, wenn er seinen Körper verlässt, an Mich allein erinnert, erreicht sogleich Meine Natur. Darüber besteht kein Zweifel. Wer über Mich als die Höchste Persönlichkeit Gottes meditiert, indem er seinen Geist ständig darin übt, sich an Mich zu erinnern, und von diesem Pfad nicht abweicht, o Pārtha [Arjuna], dem ist es sicher, Mich zu erreichen." [*Bhagavad-gītā* 8.5, 8.8]

anta-kāle ca mām eva
smaran muktvā kalevaram
yaḥ prayāti sa mad-bhāvaṁ
yāti nāsty atra saṁśayaḥ

abhyāsa-yoga-yuktena
cetasā nānya-gāminā
paramaṁ puruṣaṁ divyaṁ
yāti pārthānucintayan

Sich ständig an Kṛṣṇa zu erinnern ist nicht sehr schwer. Das Chanten des *mahā-mantra* – Hare Kṛṣṇa, Hare Kṛṣṇa, Kṛṣṇa Kṛṣṇa, Hare Hare / Hare Rāma, Hare Rāma, Rāma Rāma, Hare Hare – macht es uns einfach, immer im Kṛṣṇa-Bewusstsein zu bleiben. Kṛṣṇas Name und Kṛṣṇa in Seinem transzendentalen Reich sind nicht voneinander verschieden. So können wir durch Klangschwingung Gemeinschaft mit Kṛṣṇa haben. Chanten wir zum Beispiel auf der Straße Hare Kṛṣṇa, dann geht Kṛṣṇa mit uns, ähnlich wie uns der Mond begleitet, wenn wir über uns in den Nachthimmel schauen. Wenn schon Kṛṣṇas niedere Energie uns zu begleiten scheint, warum soll dann Kṛṣṇa selbst nicht bei uns sein können, wenn wir Seinen Namen chanten? Er wird uns Gemeinschaft leisten, aber wir müssen uns qualifizieren, um in Seiner Gemeinschaft zu leben. Wenn wir immer in Gedanken an Kṛṣṇa vertieft sind, können wir uns sicher sein, dass Kṛṣṇa immer bei uns ist. Śrī Caitanya Mahāprabhu betet:

nāmnām akāri bahudhā nija-sarva-śaktis
tatrārpitā niyamitaḥ smaraṇe na kālaḥ
etādṛśī tava kṛpā bhagavan mamāpi
durdaivam īdṛśam ihājani nānurāgaḥ

„O Mein Herr, Dein heiliger Name allein kann den Lebewesen allen Segen spenden und deshalb hast Du Millionen und Abermillionen von Namen, wie Kṛṣṇa oder Govinda. In diese transzendentalen Namen hast Du all Deine transzendentalen Energien eingehen lassen und es gibt keine starren Regeln für die Anrufung dieser Namen. O Mein Herr, in Deiner Güte hast Du es uns durch Deine Heiligen Namen so leicht gemacht, Dir näherzukommen, aber unglückselig wie Ich bin, verspüre Ich keine Anziehung zu ihnen" [*Śikṣāṣṭakam* 2].

Einfach durch das Chanten können wir alle Vorteile der persönlichen Gemeinschaft Kṛṣṇas erhalten. Śrī Caitanya Mahāprabhu, der keine gewöhnliche selbstverwirklichte Seele ist, sondern eine persönliche Inkarnation Kṛṣṇas, erklärt, dass Kṛṣṇa den Menschen im gegenwärtigen Zeitalter des Kali, in dem Gotteserkenntnis nahezu unmöglich geworden ist, besondere Barmherzigkeit erweist, indem Er in Form Seines Heiligen Namens, Seiner Klanginkarnation, erscheint. Einfach durch das Chanten der Heiligen Namen sind wir mit Gott verbunden. Um diesen *yuga-dharma* zu praktizieren, sind keine besonderen Voraussetzungen nötig; man braucht nicht einmal Sanskrit zu verstehen. Jeder kann sogleich beginnen zu chanten – so wirkungsvoll ist die Klangschwingung von Hare Kṛṣṇa.

vedeṣu yajñeṣu tapaḥsu caiva
dāneṣu yat puṇya-phalaṁ pradiṣṭam
atyeti tat sarvam idaṁ viditvā
yogī paraṁ sthānam upaiti cādyam

„Jemand, der sich dem Pfad des hingebungsvollen Dienstes zuwendet, ist nicht der Ergebnisse beraubt, die man erhält, wenn man die Veden studiert, Opfer darbringt, sich Entsagungen auferlegt, Spenden gibt oder philosophischen und fruchtbringenden Tätigkeiten nachgeht. Einfach dadurch, dass er hingebungsvollen Dienst ausführt, erreicht er dies alles, und am Ende gelangt er in das höchste, ewige Reich." [*Bhagavad-gītā* 8.28]

Der Sinn aller vedischen Unterweisungen ist es, uns zum höchsten Ziel des Lebens zu führen: der Rückkehr nach Hause, zu Gott. Das ist der Zweck aller heiligen Schriften auf der Welt und die Botschaft aller religiösen Reformatoren und *ācāryas.* Keiner von ihnen rät uns, in der materiellen Welt ein bleibendes Lager aufzuschlagen. Im Westen verbreitete Jesus Christus diese Botschaft und anderenorts taten dies Buddha und Mohammed. Gemäß Land, Zeit und Klima mag es in den Schriften geringfügige Unterschiede geben, aber alle echten Transzendentalisten erkennen die gleiche Kernaussage an: Wir sind nicht für die materielle Welt bestimmt, sondern für die spirituelle Welt. Alle Botschaften, die uns lehren, wie wir die innersten Wünsche der Seele erfüllen können, weisen hin auf die Welt Kṛṣṇas – jenseits von Geburt und Tod.

Anhang

Der Autor

His Divine Grace A.C. Bhaktivedanta Swami Prabhupāda erschien in dieser Welt im Jahr 1896 in Kalkutta, wo er 1922 zum ersten Mal seinem spirituellen Meister Śrīla Bhaktisiddhānta Sarasvatī Gosvāmī begegnete. Bhaktisiddhānta Sarasvatī, ein bekannter, gottergebener Gelehrter und Gründer von 64 vedischen Instituten, die als Gauḍīya Maṭhas bekannt wurden, fand Gefallen an dem gebildeten jungen Mann und überzeugte ihn, sein Leben der Lehre vedischen Wissens zu widmen. Śrīla Prabhupāda wurde sein Schüler und empfing 1933 die formelle Einweihung.

Śrīla Bhaktisiddhānta Sarasvatī bat Śrīla Prabhupāda bereits bei ihrer ersten Begegnung, das vedische Wissen in englischer Sprache zu verbreiten. In den darauffolgenden Jahren verfasste Śrīla Prabhupāda einen Kommentar zur *Bhagavad-gītā* und unterstützte die Bewegung seines spirituellen Meisters in ihrer Mission. 1944 gründete er das *Back to Godhead,* ein vierzehntägliches Magazin in englischer Sprache, welches er eigenhändig verfasste, produzierte, finanzierte und verteilte. Diese Zeitschrift wird auch heute noch u. a. von seinen Schülern weitergeführt und weltweit in mehreren Sprachen veröffentlicht.

Als Anerkennung für Śrīla Prabhupādas philosophische Gelehrtheit und Hingabe ehrte ihn die Gauḍīya-Vaiṣṇava-Gesellschaft 1947 mit dem Titel „Bhaktivedanta". Im Jahre 1950 zog sich Śrīla Prabhupāda aus dem Familienleben zurück. Vier Jahre später trat er in den *vānaprastha*-Stand (Leben in Zurückgezogenheit) ein, um seinen Studien und seiner Schreibtätigkeit mehr Zeit widmen zu können. Bald danach begab er sich zu dem heiligen Ort Vṛndāvana in der Nähe von Agra, wo er unter bescheidensten Verhältnissen im mittelalterlichen Rādhā-Dāmodara-Tempel lebte. Dort verbrachte er mehrere Jahre mit eingehenden Studien und dem Schreiben. 1959 trat er in den Lebensstand der Entsagung (*sannyāsa*) ein. Im Rādhā-Dāmodara-Tempel begann er mit der Arbeit an seinem Lebenswerk, einer vielbändigen, kommentierten Übersetzung des 18000 Verse umfassenden *Śrīmad-Bhāgavatam* (*Bhāgavata Purāṇa*). Dort entstand auch das Buch *Easy Journey to Other Planets*.

Nachdem er drei Bände des *Śrīmad-Bhāgavatam* veröffentlicht hatte, reiste er 1965 in die USA, um die Mission seines spirituellen Meisters zu erfüllen. In der Folge schrieb er mehr als 50 Bände autoritativer, kommentierter Übersetzungen und zusammenfassender Studien der wichtigsten philosophischen und religiösen Klassiker Indiens.

Als Śrīla Prabhupāda per Frachtschiff im Hafen von New York ankam, war er so gut wie mittellos. Erst im Juli 1966, nach fast einem Jahr voller Schwierigkeiten, gründete er die Internationale Gesellschaft für Krishna-

Bewusstsein (ISKCON). Bis zu seinem Verscheiden am 14. November 1977 hatte er die Gesellschaft persönlich geleitet und konnte miterleben, wie sie sich zu einer weltweiten Bewegung mit über 100 *āśramas,* Schulen, Tempeln und Farmgemeinschaften entwickelte.

1972 führte Śrīla Prabhupāda mit der Gründung einer *gurukula*-Schule in Dallas die vedische Pädagogik für das Grund- und Mittelstufenschulwesen in der westlichen Welt ein. Seitdem haben seine Schüler weltweit viele ähnliche Schulen eröffnet.

Auch in Indien veranlasste Śrīla Prabhupāda den Bau verschiedener internationaler, kultureller Zentren. In Māyāpur in Westbengalen bauen die Gottgeweihten nun eine spirituelle Stadt am Ganges, die um einen großen Tempel angelegt ist; ein ambitioniertes Projekt, dessen Fertigstellung noch mehrere Jahre in Anspruch nehmen wird. In Vṛndāvana im Norden Indiens gibt es den prächtigen und vielbesuchten Krishna-Balarama-Tempel sowie ein internationales Gästehaus, eine *gurukula*-Schule, Śrīla Prabhupādas Mausoleum und ein Museum. Auch in Mumbai, Delhi, Tirupati, Ahmedabad, Siliguri, Ujjain und vielen anderen indischen Orten gibt es Tempel, kulturelle Zentren und Farmgemeinschaften, die von Śrīla Prabhupāda geplant wurden.

Śrīla Prabhupādas wichtigster Beitrag sind jedoch seine Bücher. Von Gelehrten wegen ihrer Gewichtigkeit, Tiefe und Klarheit geschätzt, werden sie als Lehrbücher in vielen Universitäten und Seminaren benutzt. Seine Werke wurden bereits in über 80 Sprachen übersetzt. Die *Bhagavad-gītā wie sie ist* ist mittlerweile in 60 Sprachen erhältlich. Der von Śrīla Prabhupāda im Jahr

1972 gegründete Bhaktivedanta Book Trust (BBT) hat sich zum weltweit größten Verlag für religiöse und philosophische Literatur Indiens entwickelt.

Glossar

Ācārya – „jemand, der durch sein eigenes Beispiel lehrt"; ein echter spiritueller Meister.

Arjuna – einer der fünf Pāṇḍava-Brüder, dem Kṛṣṇa auf dem Schlachtfeld von Kurukṣetra die *Bhagavad-gītā* offenbarte.

Avatāra – „jemand, der herabsteigt"; eine Inkarnation Gottes, die in der materiellen Welt erscheint.

Bhagavad-gītā – „der Gesang Gottes"; die Lehren Kṛṣṇas, der Höchsten Persönlichkeit Gottes.

Bhakti – liebende, dienende Hingabe zu Gott.

Bhakti-yoga – der Vorgang, sich durch hingebungsvollen Dienst mit der Höchsten Persönlichkeit Gottes zu verbinden.

Brahmā – das erste erschaffene Wesen im Universum; ist als Halbgott für die interne Schöpfung des Universums zuständig.

Brahman – „die Transzendenz"; (1) das *brahma-jyoti,* der unpersönliche Aspekt der Absoluten Wahrheit in

Form Ihrer alldurchdringenden Ausstrahlung; erste Stufe der Erkenntnis der Absoluten Wahrheit; (2) allg. für die Absolute Wahrheit, die spirituelle Natur.

Chanten – (engl. *to chant* – rezitieren, singen) (1) allg. Singen oder meditatives Beten von Mantras zur Verehrung Gottes oder der Halbgötter; (2) das Chanten der heiligen Namen Gottes, insbesondere des Hare-Kṛṣṇa-Mantras.

Caitanya Mahāprabhu – (1486–1534) Kṛṣṇa in der Rolle eines Gottgeweihten; erschien in Navadvīpa (Bengalen), um das gemeinsame Chanten des Hare-Kṛṣṇa-Mantras *(saṅkīrtana)* als den Weg zur Selbst- und Gotteserkenntnis im Zeitalter des Kali einzuführen.

Gopīs – die Kuhhirtenmädchen von Vṛndāvana, deren Liebe zu Kṛṣṇa unübertroffen ist.

Go(svāmī) – „jemand, der seine Sinne zu beherrschen vermag"; (1) Titel für einen *sannyāsī;* (2) die Sechs Gosvāmīs von Vṛndāvana: die wichtigsten Nachfolger Caitanya Mahāprabhus, angeführt von Sanātana und Rūpa Gosvāmī.

Govinda – (*go* – Kuh, Sinnesorgan, Land; *vinda* – Quelle der Freude) „derjenige, der den Kühen, den Sinnen und dem Land Freude spendet"; ein Name Kṛṣṇas.

Hare-Kṛṣṇa-mahā-mantra – das „große Mantra", bestehend aus den Sanskritnamen Gottes; die persönliche Klanginkarnation Kṛṣṇas; von den Veden überliefert und von Śrī Caitanya Mahāprabhu als wirkungsvollste spirituelle Klangschwingung offenbart: Hare Kṛṣṇa, Hare Kṛṣṇa, Kṛṣṇa Kṛṣṇa, Hare Hare/Hare Rāma, Hare Rāma, Rāma Rāma, Hare Hare.

Jñāna – „Wissen", insbesondere spirituelles Wissen.

Jñānī – jemand, der sich mittels (1) philosophischer Spekulation, (2) monistischer Philosophie oder (3) *jñāna-yoga* bemüht, höheres Wissen zu erlangen.

Jñāna-yoga – der Pfad der spirituellen Verwirklichung durch Studium der heiligen Schriften und philosophische Suche nach der Wahrheit gemäß dem *jñāna-kāṇḍa*-Teil der Veden.

Kali-yuga – das „Zeitalter des Streites und der Heuchelei", in dem wir uns gegenwärtig befinden; begann laut Aussage der Veden vor rund 5 000 Jahren. *Siehe auch: Yuga.*

Karma – (1) materielle Handlung, die eine gute oder schlechte Reaktion nach sich zieht und den Handelnden an den Kreislauf von Geburt und Tod bindet; (2) Gesetz des Karma: Gesetz von Aktion und Reaktion, dem alle karmischen Handlungen unterstehen und das entscheidet, welchen Körper die Seele im nächsten Leben annimmt.

Kṛṣṇa – Gott, „der Allanziehende"; den vedischen Schriften zufolge der vertraulichste und höchste Name Gottes.

Kṛṣṇa-Bewusstsein – Gottesbewusstsein; das reine, ursprüngliche Bewusstsein der spirituellen Seele in ihrer wesensgemäßen Stellung als ewiger Diener Kṛṣṇas. *Siehe auch: Bhakti-yoga.*

Mahābhārata – „die Geschichte des Königreichs von Bhārata-varṣa [Indien]"; mit über 110 000 Doppelversen das längste Epos der Welt; enthält als zentrale Passage die *Bhagavad-gītā.*

Manifestiert – (Sanskrit: *vyakta*) durch die Sinne wahrnehmbar.

Mantra – (*mana* – Geist, *tra* – befreien) (1) allg. heilige Wortformel oder Gebet, das sich an einen Halbgott oder direkt an Gott richtet; (2) transzendentale Klangschwingung, um den Geist von materiellen Unreinheiten zu befreien und auf Gott zu richten.

Māyāvāda – atheistische, monistische Interpretation der vedischen Philosophie; leugnet die individuelle Existenz Gottes sowie die Verschiedenheit Gottes und der Seele.

Māyāvādī – Anhänger der Māyāvāda-Philosophie. Māyāvādīs verneinen die Existenz Gottes als höchste Person und bezeichnen die Individualität des Lebewesens als Illusion. Nach ihrer Theorie ist Gott formlos und unpersönlich, weshalb sie ihre eigene individuelle Existenz auflösen wollen, um mit dem Absoluten eins zu werden.

Mukti – Befreiung aus dem materiellen Dasein und (meist) Eingehen in das unpersönliche Brahman; Ziel der Unpersönlichkeitsphilosophen.

Oṁ (Oṁkāra) – (1) die heilige Silbe der Veden, die als Hinweis auf die Absolute Wahrheit ausgesprochen wird; (2) die unpersönliche Klangrepräsentation der Absoluten Wahrheit.

Rūpa Gosvāmī – (1489–1564) großer Heiliger Indiens;

direkter Schüler und Nachfolger von Caitanya Mahāprabhu; einer der Sechs Gosvāmīs; vormals ein Minister Bengalens.

Sac-cid-ānanda – ewig, voller Wissen, voller Glückseligkeit.

Śikṣāṣṭakam – die acht Verse Śrī Caitanya Mahāprabhus, die das Chanten der heiligen Namen verherrlichen.

Śrīmad-Bhāgavatam – auch als *Bhāgavata-Purāṇa* bekannt; der 18 000 Verse umfassende Kommentar Śrīla Vyāsadevas zu seinem eigenen *Vedānta-sūtra;* die reife Frucht am Baum der vedischen Literatur, die vollständige und autoritativste Darlegung vedischen Wissens.

Transzendental – die Grenzen der sinnlich wahrnehmbaren Welt überschreitend; unberührt von den Erscheinungsweisen der materiellen Natur; zur spirtuellen Natur gehörig.

Vaikuṇṭha – (*vai* – ohne; *kuṇṭha* – Angst) die spirituelle Welt mit all ihren ewigen Planeten.

Vaiṣṇava – „Geweihter Viṣṇus", ein Geweihter der Höchsten Persönlichkeit Gottes. Kṛṣṇa ist der Ursprung Viṣṇus und deshalb bezieht sich das Sanskritwort Vaiṣṇava allgemein auf alle Geweihten Kṛṣṇas.

Veden – (Sanskrit: *veda* – wissen) die Schriften der altindischen Hochkultur. Das vedische Wissen wurde ursprünglich in der Form eines einzigen *veda* mündlich überliefert. Vor 5 000 Jahren wurde dieser *veda* von dem großen Weisen Vyāsadeva systematisch gegliedert und in die heute bekannten vier Veden (*Ṛg, Yajur, Sāma* und *Atharva*) aufgeteilt.

Viṣṇu – „der Allgegenwärtige"; vierarmige Erweiterung Kṛṣṇas für die Schöpfung und Erhaltung der materiellen Welt.

Vṛndāvana – (1) Śrī Kṛṣṇas persönliches Reich in der spirituellen Welt; (2) Gokula Vṛndāvana: die „Stadt der 5 000 Tempel" in der Nähe von Mathurā im indischen Staat Uttar Pradesh, wo Kṛṣṇa vor 5 000 Jahren erschien.

Yoga – „Verbindung"; Pfad zur Verbindung mit dem Höchsten.

Yogi – (1) allg.: Jemand auf einem der vielen möglichen Yogapfade; (2) mystischer Yogi auf dem Pfad des *aṣṭāṅga-yoga;* (3) der höchste Yogi, ein Gottgeweihter *(bhakti-yogī).*

Yuga – „Zeitalter"; die vier Zeitalter auf der Erde, die sich zyklisch wiederholen: Satya-yuga, Tretā-yuga, Dvāpara-yuga und Kali-yuga. Angefangen vom Satya-yuga, dem „goldenen Zeitalter", nehmen Religion und die guten Eigenschaften der Menschen allmählich ab.

Kurzanleitung zur Aussprache des Sanskrit

In Indien wird Sanskrit meist mithilfe der Zeichen des Devanagari-Alphabets geschrieben, das 48 Buchstaben, nämlich 13 Vokale und 35 Konsonanten, umfasst und nach präzisen linguistischen Prinzipien zusammengestellt wurde. Im vorlegenden Buch wird die international anerkannte IAST-Umschrift verwendet. Die nachfolgenden Wortbeispiele sind fast immer nur Annäherungen.

Der kurze Vokal **a** wird wie das **a** in h**a**t ausgesprochen; das lange **ā** wie das **a** in h**a**ben und das kurze **i** wie das **i** in b**i**tten. Das lange **ī** wird wie das **i** in B**i**bel ausgesprochen, das kurze **u** wie das **u** in B**u**tter und das lange **ū** wie das **u** in H**u**t. Der Vokal **ṛ** wird wie das **ri** in **ri**nnen ausgesprochen. Der Vokal **e** wird wie das **e** in **e**wig ausgesprochen; **ai** wie in W**ai**se; **o** wie in h**o**ch und **au** wie in H**au**s. Beim *anusvāra* (**ṁ**), wird der vorausgehende Vokal nasalisiert, wie in Ra**ng**, E**ng**el, si**ng**en, Go**ng**, Lu**ng**e. In den meisten Fällen ist der *visarga* (**ḥ**) ein abschließender Hauch, ein leichtes Ausatmen. Wenn der Visarga allerdings am Ende einer Sanskritzeile steht, ist er ein abschließender h-Laut, bei dem der direkt vorangehende Vokallaut wie eine Art abgeschwächtes Echo wiederholt wird: **aḥ** wird dann ausgesprochen wie **ah(a)**, **iḥ** wie **ih(i)**, **auḥ** wie **auh(u)** usw.

Die gutturalen Konsonanten – **k kh**, **g**, **gh** und **ṅ** – werden in ähnlicher Weise wie die deutschen Kehllaute gebildet. **K** wird ausgesprochen wie in **k**ann, **kh** wie in Sa**ckh**üpfen, **g** wie in **g**eben, **gh** wie in engl. do**gh**ouse und **ṅ** wie in si**ng**en. Die Gaumenlaute – **c**, **ch**, **j**, **jh** und **ñ** – werden vom Gaumen aus mit der Mitte der Zunge gebildet. **C** wird ausgesprochen wie das **tsch** in **Tsch**eche, **ch** wie in ru**tschh**emmmend, **j** wie das **dsch** in **Dsch**ungel, **jh** wie im engl. he**dge-h**og und **ñ** wie in Ca**ny**on. Die dentalen Konsonanten – **t**, **th**, **d**, **dh** und **n** – werden gebildet, indem man die Zungenspitze gegen die Zähne drückt. **T** wird ausgesprochen wie in **T**al, **th** wie in Sanf**th**eit, **d** wie in **d**ann, **dh** wie in engl. bir**dh**ouse und **n** wie in **N**atter. Die zerebralen Konsonanten – **ṭ**, **ṭh**, **ḍ**, **ḍh** und **ṇ** – werden in gleicher Weise gebildet wie die dentalen, aber bei ihnen berührt die Zungenspitze den oberen Gaumen. Die labialen Konsonanten – **p**, **ph**, **b**, **bh** und **m** – werden mit den Lippen gebildet. **P** wird ausgesprochen wie in **P**astor, **ph** wie in Schla**pph**ut, **b** wie in **B**all, **bh** wie in **Bh**akti, wobei das h als Hauchlaut hörbar ist, und **m** wie in **M**alz.

Die Halbvokale – **y**, **r**, **l** und **v** – werden ausgesprochen wie in **Y**oga, **R**avioli (wie das italienische r), **l**achen, **V**ene.

Die Zischlaute – **ś**, **ṣ** und **s** – werden ausgesprochen wie in **s**prechen, **sch**ön und fa**s**ten. Der Buchstabe **h** wird ausgesprochen wie in **h**elfen.

AUSGEWÄHLTE ADRESSEN

Internationale Gesellschaft für Krishna-Bewusstsein

Gründer-Ācārya: His Divine Grace A. C. Bhaktivedanta Swami Prabhupāda

Eine vollständige internationale Adressenliste finden Sie unter **centres.iskcon.org** oder **directory.krishna.com.** Alle Zentren und Treffpunkte im deutschsprachigen Raum sind auf **iskcon.de** gelistet. Wenden Sie sich für nähere Informationen zu Programmen und Veranstaltungen an das nächstgelegene Zentrum.

✦ Zentrum mit Restaurant

Deutschland

Abentheuer – Goloka Dhama, Böckingstraße 4a, 55767 Abentheuer; +49 6782 2214; golokadhama.de@gmail.com; goloka-dhama.de

Berlin – Jagannatha-Tempel, Berliner Allee 209, 13088 Berlin; mail@tempelberlin.de; tempelberlin.de

Hamburg – Bhakti-Yoga-Zentrum, Krummholzberg 9, 21073 Hamburg; +49 151 10652236; vaidyanath.acbsp@pamho.net; bhaktiyogazentrum.de

Heidelberg – Nava-Navadvipa, Zuzenhäuser Str. 13, 74909 Meckesheim; +49 06226 9530741; info@iskcon-heidelberg.de; iskcon-heidelberg.de

Jandelsbrunn – Simhachalam, Zielberg 20, 94118 Jandelsbrunn; +49 8583 316; info@simhachalam.de; simhachalam.de

Köln – Gauradesh, Taunusstraße 40, 51105 Köln; +49 178 921 3621; kontakt@gauradesh.com; gauradesh.com

Leipzig – Krishna-Tempel Leipzig, Merseburger Str. 95, 04177 Leipzig; office@krishna-tempel-leipzig.de; krishnakrishna.de

München – ISKCON München, Fürstenrieder Straße 139, 80686 München; +49 89 6880 0288; iskcon-muenchen.de

Wiesbaden – Hari Nama Desh, Aarstraße 8, 65329 Burg Hohenstein; +49 6120 904107; iskcon.wiesbaden@web.de; iskconwiesbaden.de

Schweiz

Langenthal – Gaura Bhaktiyoga Center, Dorfgasse 43, 4900 Langenthal; +41 62 922 05 48; gaura.bhaktiyoga.center@gmx.ch; gaura-bhakti.ch

Zürich – Krishna-Gemeinschaft Schweiz, Bergstrasse 54, 8032 Zürich; +41 44 262 33 88; kgs@krishna.ch; krishna.ch

Österreich

Wien – Vedisches Zentrum, Loquaiplatz 2, 1060 Wien; +43 664 8237838; vedisches.zentrum@gmail.com; vedischeszentrum.at

Europa

Amsterdam, Niederlande – Lizzy Ansinghstraat 80-1h, 1072 RD Amsterdam; +31 020 6751404; info@iskconamsterdam.nl; iskconamsterdam.nl

Barcelona, Spanien – Plaza Real N 12, Entresuelo 2, 08002 Barcelona; +34 933 02 51 94; info@krishnabcn.com; krishnabcn.com

Budapest, Ungarn – Lehel u. 15–17, 1039 Budapest; +36 1 391 04 35; info@krisna.hu; krisna.hu

Durbuy, Belgien ✦ Radhadesh – Château de Petite Somme, Petite Somme 5, Durbuy, 6940 Septon–Durbuy; +32 (0) 86 32 29 26; info@radhadesh.com; radhadesh.com

Göteborg, Schweden ✦ Karl Johansgatan 57, 41455 Göteborg; +46 31 42 16 42; kontaktaoss@harekrishnagoteborg.com; harekrishnagoteborg.com

Kopenhagen, Dänemark – Skjulhøj Allé 44, 2720 Vanløse; +45 48 28 64 46; iskcon.denmark@pamho.net; krishna.dk

Ljubljana, Slowenien – Žibertova 27, 1000 Ljubljana; +386 1 431 21 24; hkc.ljubljana@gmail.com; harekrisna.net

London (Stadt), England ✦ Sri Sri Radha-Krishna Temple, 10 Soho Street, London W1D 3DL; +44 20 7437 3662; +44 20 3687 0617; info@iskcon-london.org; govindas@iskcon-london.org; iskcon-london.org

Luçay le Mâle, Frankreich – La Nouvelle Mayapur, Domaine d'Oublaisse, 36360 Luçay le Mâle; +33 2 54 40 23 95; contact@newmayapur.com; newmayapur.com

Moskau, Russland ✦ Kuusinena 19A, Moscow 125252; +7 925 772 62 95; info@krishna-temple.ru; krishna-temple.ru

Paris, Frankreich – 230 Avenue de la Division Leclerc, 95200 Sarcelles; +33 1 34 45 89 12; paris@pamho.net; iskcon.fr

Prag, Tschechische Republik – Chrám Šrí Šrí Nitái Navadvípačandry, Lužce 48, 26718 okr. Beroun; +420 311 516 558; chram108@gmail.com; harekrsna.cz

Rom, Italien – Via Sardegna 55, 00187 Roma RM; +39 06 6889 1540; info@harekrsna.it; harekrsna.it

Sofia, Bulgarien – Kliment Ohridski Str. 119, 1797 Sofia; +359 2 96160 50; iskconsofia@gmail.com; harekrishnabg.com

Stockholm (Umland), Schweden – New Radhakunda, Korsnäs Gård, 14792 Grödinge; @newradhakunda; info@pamho.net; krishna.se

Teneriffa, Spanien ✦ Vedic Cultural Centre, Rafael Puig Lluvina 32, C.C. Parque Santiago II, 330, 38660 Playa de las Américas; +34 635 172 411; info@iskcontenerife.es; iskcontenerife.es

Watford, England – Bhaktivedanta Manor, Hilfield Lane, Herts, Watford WD25 8EZ; +44 1923 851000; info@krishnatemple.com; krishnatemple.com

Nordamerika

Los Angeles, USA ✦ 3764 Watseka Ave., Los Angeles CA 90034; +1 310 836 2676; jagabeca@gmail.com; jagannivas.la@gmail.com; iskconla.com

New York City, USA ✦ The Bhakti Center, 25 First Avenue, New York City NY 10003; +1 212 533 4842; info@bhakticenter.org; bhakticenter.org

Toronto, Kanada – 243 Avenue Road, Toronto ON M5R 2J6; +1 416 922-5415; info@torontokrishna.com; torontokrishna.com

Südamerika

Rio de Janeiro, Brasilien – Estrada da Barra da Tijuca, 2010, Itanhangá, Rio de Janeiro, RJ 22641-004; +55 21 3563 1627; harekrishnarj.com.br

Afrika

Accra, Ghana – Samsam Road, Off Accra-Nsawam Highway, Medie, Accra North, Accra; +233 302981099; srivas_bts@yahoo.co.in; jnanacaksusdas2005@yahoo.com

Durban, Südafrika ✦ 50 Bhaktivedanta Swami Circle, Chatsworth 4092; +27 31 403 3328; temple@iskcondurban.net; iskcondurban.net

Südasien

Kathmandu, Nepal – Hare Krishna Dham, Budhanilkantha 5, Kathmandu 44622; +977 1 4373790; info@iskconnepal.org; iskconnepal.org

Mayapur, Indien ✦ Shree Mayapur Chandrodaya Mandir, District Nadia, Shree Mayapur Dham 741 313; +91 3472 245239; mayapur.chandrodaya@pamho.net; mayapur.com

Mumbai, Indien ✦ Hare Krishna Land, Juhu, Mumbai 400 049; +91 22 2620 6860; iskcon.juhu@pamho.net; guesthouse.mumbai@pamho.net; iskconmumbai.com

Neu Delhi, Indien ✦ Hare Krishna Hill, Sant Nagar Main Road, East of Kailash, New Delhi 110 065; +91 11 2623 5133; delhi@pamho.net; guest.house.new.delhi@pamho.net; iskcondelhi.com

Vrindavan, Indien ✦ Krishna-Balaram Mandir, Bhaktivedanta Swami Marg, Raman Reti, Mathura, Vrindavan 281121; +91 565 254 0021; info@iskconvrindavan.com; iskconvrindavan.com

Australasien

Auckland, Neuseeland – 1229 Coatesville-Riverhead Highway, Kumeu 0892; +64 9 412 8075; facebook.com/nzharekrishna; harekrishna.org.nz

Sydney, Australien – 180 Falcon Street, North Sydney NSW 2060; +61 2 9959 4558; info@iskcon.com.au; iskcon.com.au

Die zeitlose Philosophie der *Bhagavad-gītā* hat im Herzen der Menschen, im Osten wie im Westen, schon immer lebhaftes Interesse erweckt. Die *Bhagavad-gītā*, der „Gesang Gottes", ist die Essenz der vedischen Weisheit und gehört zu den bedeutendsten Werken der spirituellen und philosophischen Weltliteratur. Große Denker wie Kant, Schopenhauer, Einstein und Gandhi ließen sich nachhaltig von dieser Schrift inspirieren, die die wahre Natur des Menschen, seine Bestimmung im Kosmos und seine Beziehung zu Gott offenbart.

His Divine Grace
A. C. Bhaktivedanta Swami Prabhupāda –
Bhagavad-gītā wie sie ist

896 *Seiten*, 16 *Bildtafeln*, *geb.*

Das *Śrīmad-Bhāgavatam* (*Bhāgavata Purāṇa*) wird als die reife Frucht am Baum der Veden bezeichnet und gilt mit seinen 18 000 Versen in vollendetem Sanskrit als das bedeutendste der 18 Purāṇas. Dank Śrīla Prabhupādas wortgetreuer Übersetzung und seinen tiefgründigen Kommentaren können wir authentische, lebendige Einblicke in die Geschichte, Religion, Kultur und Zivilisation des alten Indien gewinnen. Das *Śrīmad-Bhāgavatam* ist die umfassendste und autoritativste Darstellung vedischen Wissens.

His Divine Grace
A. C. Bhaktivedanta Swami Prabhupāda –
Śrīmad-Bhāgavatam

Canto 1 *bis* 10 (*erster Teil*),
12 *Bände mit je ca.* 600–1000 *Seiten*,
16 *Bildtafeln*, *geb.*

Kṛṣṇas Lebensgeschichte ist seit Jahrtausenden für Indiens spirituelles und kulturelles Leben ein unversiegbarer Quell der Inspiration. Das „Kṛṣṇa-Buch" gewährt anhand von 90 Erzählungen lebendige Einblicke in Śrī Kṛṣṇas unvergleichliche Taten und Eigenschaften, so wie sie im 10. Canto des *Śrīmad-Bhāgavatam* überliefert sind. Es ist eines der seltenen Bücher, worin sich fesselnde Erzählkunst, malerische Poesie und höchste Philosophie auf vollkommene Weise verbinden.

His Divine Grace
A. C. Bhaktivedanta Swami Prabhupāda –
Kṛṣṇa: Die Quelle aller Freude

1024 *Seiten*, 32 *Bildtafeln*, *geb.*

Bei den folgenden Adressen können Sie diese und weitere Bücher, CDs, DVDs und anderes Begleitmaterial beziehen:

ISKCON Deutschland-Österreich e.V.
Aarstraße 8
65329 Hohenstein
Deutschland
+49 (0)6120 90 41 07
info@iskcon.de
iskcon.de

Sankirtan-Verein
Bergstrasse 54
8032 Zürich
Schweiz
+41 (0)44 262 37 90
sa-ve@pamho.net
sa-ve.ch